教育部中等职业教育专业技能课立项教材

市场营销

广告基础与实务

GUANGGAO JICHU YU SHIWU

主　编◎刘会福

副主编◎赖有明　陆雪君

肖晓峰　许智科

中国人民大学出版社

·北京·

前　言

Preface

本书在介绍广告学经典理论和基本方法的基础上，以现代广告活动为主线，立足工商企业与现代市场经济，注重反映广告在新时代的发展趋势，把理论中最新的观点、实务中最新的发展状况介绍给读者。本书在编写过程中注重吸收广告学研究的新成果，力求在国内外广告领域最新研究成果的基础上，坚持实用性和前瞻性的原则，为企业领导、市场营销工作者、广告人员和即将涉足企业广告活动的在校学生提供广告理论和实务指南。

本书主要突出以下特色：

（1）在介绍经典基础理论的基础上，紧随前沿理论，突出理论的系统性和前沿性。本书在编写中吸取了整合营销传播、新媒体营销、创意传播管理等现代广告学前沿理论的精髓，力求让读者全面了解广告理论的渊源、现状及发展趋势。

（2）广告实务针对性强，在完整的理论框架下加入了实训环节，灵活多变，以帮助学生对所学知识进行理解、消化，从而培养学生的应用能力。

（3）突出教材的新颖性和应用性，既勾勒出广告业未来的发展趋势，又强调理论与实践相结合，以激发读者的学习兴趣。

（4）对近年来直接或间接影响广告活动的创意管理和大数据应用等方面做了介绍，能够给面临转型的传统广告生态带来一定的启迪。

本书适用于经济管理及其他相关专业的本专科学生，同时，也可作为工商界人士系统学习广告理论与实务的参考资料。

全书共设计了十个项目：广告概述、广告基本原理、广告预算、广告调研、广告策略、广告创意与表现、广告制作、广告媒体、广告效果与测评、企业的广告管理。

本书由广东工贸职业技术学院刘会福担任主编；广州工商学院、广东花城工商技工学校赖有明、陆雪君，广州华夏职业学院、广州华夏技工学校许智科，广东工贸职业技术学院肖晓峰任副主编。具体编写分工如下：刘会福编写项目二至项目七；赖有明编写项目一；许智科编写项目八；肖晓峰编写项目九；陆雪君编写项目十。刘会福负责对全书进行总体设计和总纂定稿。

本书在编写过程中，参考、引用了国内外众多专著及企业案例，吸收了部分专家、学者的研究成果，在此表示感谢。由于作者水平有限，加之时间仓促，疏漏之处在所难免，敬请各位读者、同行指正，以便修订完善。

刘会福

2019 年 7 月

目 录

Contents

项目一 广告概述

任务一 广告的概念、要素与分类 …… 1
任务二 广告的影响和作用 …… 4
任务三 广告的发展与广告学 …… 7
任务四 广告学的学习方法 …… 9

项目二 广告基本原理

任务一 广告定位理论 …… 12
任务二 USP 理论与整合营销传播理论 …… 16
任务三 5W 理论与广告传播 …… 18
任务四 6W＋6O 理论与消费者行为研究 …… 20

项目三 广告预算

任务一 广告预算概述 …… 25
任务二 广告预算的制定 …… 28
任务三 广告预算制定实践 …… 39

项目四 广告调研

任务一 广告调研概述 …… 45
任务二 调研的准备阶段 …… 48

任务三 调研的实施阶段 …… 56

项目五 广告策略

任务一 广告目标 …… 68
任务二 广告策略概述 …… 75
任务三 广告产品策略 …… 77
任务四 广告市场策略 …… 80
任务五 广告媒介策略 …… 84
任务六 广告实施策略 …… 85

项目六 广告创意与表现

任务一 广告创意概述 …… 95
任务二 广告创意的前期工作 …… 98
任务三 广告创意的形成 …… 100
任务四 广告创意的执行 …… 107

项目七 广告制作

任务一 广告制作概述 …… 111
任务二 广告文案制作 …… 112
任务三 报纸广告制作 …… 116
任务四 杂志广告制作 …… 117
任务五 电视广告制作 …… 118
任务六 广播广告制作 …… 119
任务七 网络广告制作 …… 121

项目八 广告媒体

任务一 广告媒体概述 …… 126
任务二 广告媒体的选择 …… 142
任务三 广告媒体的评估 …… 144
任务四 广告媒体策略 …… 147

项目九 广告效果与测评

任务一 广告效果概论 …… 154
任务二 广告效果前测 …… 157
任务三 广告效果中测与后测 …… 162
任务四 广告社会效果测评 …… 164
任务五 广告测评的步骤与报告内容 …… 166

项目十 企业的广告管理

任务一 广告部门的设置 …… 171
任务二 广告公司选择 …… 177
任务三 确定广告方向 …… 186
任务四 制定行动方案 …… 195

参考文献 …… 207

项目一 广告概述

引子：

在现代都市中生活，人们仿佛置身于广告的海洋：打开电视有短片广告，使用手机有短信广告，上网有网络广告，到超市购物有招贴广告，就连走在大街上也时常会碰见路牌广告、车体广告，无意间还会被人硬塞一张传单广告……广告已经充斥我们生活的各个角落。广告到底是什么，为什么有如此魔力？

理论目标

1. 理解广告的概念及要素。
2. 对广告的影响和作用有一定体会。
3. 对广告的发展阶段有所了解，明确广告学的研究对象。
4. 认识广告学与其他学科的关系。
5. 了解广告学的学习方法。

能力目标

能够区别商业广告，对广告有自己的见解。

任务一 广告的概念、要素与分类

一、广告的概念

广告是什么？简单地说，广告就是“广而告之”，就是把一件事情广泛地告诉给大家。广告的拉丁语是 advertere，原意是“大喊大叫”，后来演变为英语中的 advertise，意思是

“一个人注意到某件事”，再后来演变为“引起别人的注意，通知别人某件事”。

在现实生活中，大多数人所理解的广告是指营利性的经济广告，即商业广告。而商业广告只是广告的一种，还有一些广告是非营利性的，其目的就是传递信息，例如寻人启事、公告、通知等。本书所指广告均为商业广告。

那么，什么是广告？广告就是由广告主付费，通过大众媒介传播，目的是劝服受众购买商品或服务的商业传播活动。其中，广告主是做广告的个人或组织；受众是接受广告的大众，一般指消费者。

二、广告的要素

广告的整个活动过程中一般包括广告主（如企业）、广告经营者（如广告公司）、广告发布者（如媒体单位）、广告信息和广告受众等要素，如图 1－1 所示。

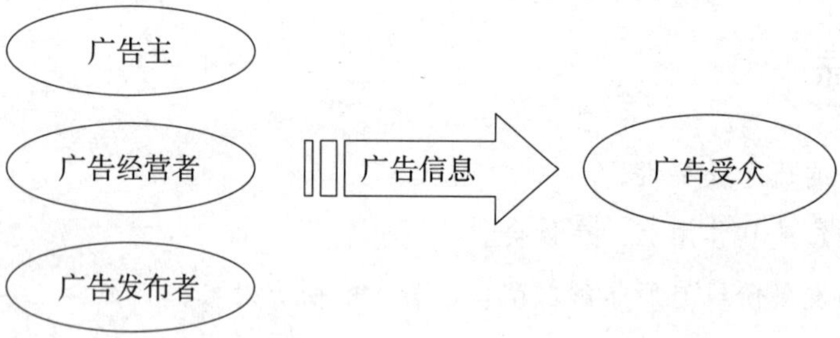

图 1－1　广告的要素

在广告的整个过程中，广告主可以自己发布广告，如散发传单、邮寄介绍产品或服务的小册子、张贴海报等；也可以委托广告经营者或发布者完成广告宣传，如在电视或报纸上播出或刊登广告等。

三、广告的特点

（一）广告是一种要付出成本的信息传播活动

有哪个广告不是要付出金钱、劳动和精力的呢？广告不仅需要广告主付费，还需要投入大量的劳动才能完成广告信息的制作和传播，优秀的广告更是融合了创作者的创意与智慧才得以完成。

（二）广告是一种面向大众的营销手段

广告在营销手段中属于“拉”的方面，意思是吸引接受广告信息的消费者主动上门购买。这也决定了广告必须要传播范围广泛，才能被广大消费者所感知。

（三）广告是一种经过艺术加工的文化产品

广告要经过艺术加工才具有较强的生命力，只有那些被人们津津乐道的广告才会迅速传播，才可能会给广告主带来丰厚的回报。当人们普遍记住某个广告后，更多的是将其视为一种文化产品而传播。

（四）广告是一种符合公序良俗的经济行为

广告不是欺骗行为，如果广大消费者普遍认为某个广告就是在骗大家购买，那么广告的促销作用就会大打折扣。只有通过外部法律、社会舆论和广告界的自律，从维护广告受众的利益出发，广告活动才会带来应有的经济效益。

四、广告的分类

广告主（企业或者品牌）的经营目的与品牌策略各有不同，根据目前几种常规的广告目的，广告通常可以划分为以下四类。

（一）告知类广告

此种广告类型的主要目的是使广告受众知道、了解本企业或者品牌的产品与服务，或者告知目标消费者正在或即将进行的促销、公关活动或者会议等信息。这类广告的主要目的是使广告到达受众，也就是让目标受众知道广告传播的信息即为达到目的。

（二）强化类广告

这类广告难度较大，往往需要立体的广告媒体组合传播，其主要目标是通过反复出现的广告影响消费者，使目标受众对企业或品牌的产品产生认同，进而激发消费者的购买欲望。这一类广告企业关心的是有多少消费者对品牌或者产品产生了认同，并有购买的欲望。

（三）销售类广告

所有广告的最终目的都是促进销售，即企业希望达到既定的经济目标，因此，此类广告的主要目标是促进产品销售、拉动销售量的增长，提高市场占有率。这类广告是商业广告最常见的形式，也是广告主投入最多的广告类别。

（四）形象类广告

此类广告的目标是企业通过间接的形象广告宣传，树立企业或品牌（产品）在市场上的独特优势与地位，提升企业或品牌的知名度和形象。此类广告企业关心的是，广告目标对象对本企业或品牌的赞美、认知和信赖程度。

任务二 广告的影响和作用

广告已经成为我们生活中的一部分。广告主之所以肯付出大量金钱，是因为他们相信广告能说服消费者购买广告宣传的商品或服务。大家普遍认为，广告通过改变消费者的思想或让其对产品或服务形成某种看法，从而对销售量产生影响。广告在现实中能起到什么样的影响和作用呢？

一、广告对消费者的影响和作用

在现实生活中，由于消费者往往对众多同类商品难以选择，而广告恰能解决这种选择的困惑，所以广告对消费者的消费行为能起到一种很好的引导作用。从现代心理学角度来看，广告对消费者的影响和作用主要包括以下几个方面。

（一）吸引消费者注意，帮助其获取所需信息

现在的国内市场已经是买方市场，同类产品数量众多，消费者在购买同类产品时经常感到“无所适从”，特别是初次需求的产品。有些时候，消费者由于缺乏信息而找不到能满足自身需求的产品或服务，而相应商品或服务的供应者也会因信息沟通不畅而找不到自己的目标消费者。在这种情况下，广告对消费者的影响就很重要。广告通过向消费者传播商品或服务信息，形成消费者对商品或服务，特别是品牌的认知和印象，从而解决供需之间的对接问题。

（二）通过介绍产品或服务的知识指导消费

消费者普遍对产品的知识有所欠缺，对产品的商标、价格、用途、性能、结构、使用方法、购买地点和购买方法不一定十分了解。而对于某些服务，消费者在使用过程中如果

出现问题也不知道如何解决。广告通过对产品或服务知识的介绍，可以帮助消费者解决上述问题，使消费者能更好地使用产品或服务。

（三）通过说服帮助消费者转变消费观念

广告通过各种诉求方式打动消费者，引起情绪与情感的共鸣，在建立好感的基础之上进一步使消费者对其产生信赖感。通过美好的联想，逐渐影响消费者的态度，说服消费者改变原来的消费观念，促使消费者逐渐喜欢其宣传的商品或服务，并采取购买行为。

小案例

“Got Milk”广告引领消费潮流

20世纪90年代初，美国的牛奶消费量连续多年下滑。当时的年轻人普遍认为，牛奶是小孩子喝的东西，牛奶的市场份额不断地被软饮料及瓶装水所挤占。美国最大的牛奶企业——加州牛奶加工委员会终于坐不住了，于是一场声势浩大的广告战役开始孕育。这场名为“Got Milk”的广告运动不惜血本地邀请了美国各界的明星代言牛奶，这些明星的嘴唇上都有一撇牛奶小胡子（milk mustache），成为经典的标志。从1993年至今，那撇牛奶胡子长盛不衰，被认为是有史以来最成功的广告战役之一。

“Got Milk”广告运动在加州牛奶加工委员会推出后两年就推广到全国，使得喝牛奶在青少年中渐渐成为时尚，有效地遏制了多年来牛奶销量下降的势头，并成为一种流行文化。这一广告不但在短短十年内成功地达到了最初提高牛奶市场销售量的目标，更是在美国形成了一种健康生活的潮流，由最初的主动吸引消费者眼球到全美大众极力追捧的流行时尚，由迎合消费者需求变换成引导消费潮流。

二、广告对企业的影响和作用

正是因为广告对消费者的影响和作用明显，企业才乐于在广告方面进行巨大的投入。因为对于企业而言，广告在促销方面是最迅速、最有效的手段之一。西方广告界有句名言：“推销产品不做广告，犹如黑夜之中暗送秋波。”这就说明了广告对于企业的重要影响和作用。企业以经济效益为核心和目标，企业的经济实力直接表现在市场占有率上，而企业之间的竞争也体现在拥有顾客的数量上，所以企业会不惜余力地去宣传产品、树立形象。

小案例

哈药集团的广告战

哈药集团创建于1989年，最初是由哈药三精与哈药六厂等联合组建的。哈药集团通过大打“广告战”，在短暂的时间内从濒临倒闭的小厂成功实现“咸鱼翻身”。哈药集团坚持以广覆盖、高频率的广告投放方式占领市场，百万元、千万元、上亿元，广告投入越来越多，企业的名气也越来越大，甚至在国内掀起了“补钙”和“补锌”的风潮，使几年前还只有约5亿元规模的国内钙剂市场，迅速飙升为30亿元以上的大市场，其中哈药集团所占份额就达15亿元。由于深谙市场规则，哈药集团的葡萄糖酸钙、葡萄糖酸锌、双黄连口服液、司乐平、严迪、新盖中盖等产品顺利实现单品种年销售额过亿元。哈药集团利用资金优势，加速推出新一代产品，通过广告树立产品形象。到2017年年末，哈药集团资产总额达162.56亿元，实现年营业收入123.51亿元，跻身世界制药行业前列。

三、广告对社会的影响和作用

广告是一种非常特殊的信息传播活动，现代广告往往利用文化资源来达到经济目的。从某种意义上讲，广告也是一种文化现象。广告在推动社会经济发展、促进社会精神文明方面的影响和作用明显。

在现代社会中，广告事业的发展水平也是衡量一个国家或地区经济发展水平的重要标志之一。近年来，我国的居民收入和社会消费品零售总额增速较快，广告行业营业额也在快速增长，这不仅说明了我国市场经济正迅猛发展，同时也表明广告事业在我国经济发展中所起的作用越来越重要。

一则优秀的广告，实际上就是一件精美的艺术品，不仅真实、具体地向人们介绍了产品，而且让人们通过广告引起丰富的生活联想，增加精神享受，并在艺术的潜移默化之中树立正确的道德观、人生观，培养精神文明。

与此同时，虚假广告和庸俗广告对社会的负面影响也很大。虚假广告的一个直接危害就是使人们产生信任危机，而庸俗广告则污染了社会的精神文明。

? 小思考

为什么虚假广告屡禁不绝？

调查表明，广告对中小学生的影响非常明显。中小学生普遍认为明星做广告和有创意的广告效果最好，大部分中小学生说自己在生活中会突然冒出几句熟悉的广告词。家长和教师也普遍认为广告影响孩子的言谈举止，进而影响其人生观、价值观和世界观；超过五分之四的家长和教师认为某些篡改成语与俗语、取用别字的广告语影响孩子对知识的正确掌握；超过四分之三的家长和教师坚决反对商业广告以儿童为形象代表。

? 小思考

为什么广告对中小学生的影响这么明显呢？

任务三　广告的发展与广告学

一、广告的发展

广告是商品经济的产物，自从有了商品生产和交换，广告也随之出现。广告从产生到现在，大致经历了以下几个阶段。

（一）古代广告

1. 口头广告

世界上最早的广告是通过实物陈列和口头叫卖进行的，商品售卖者陈列物品的同时，通过叫卖等声音来吸引顾客。早在奴隶社会初期的古希腊，人们就通过有节奏的吆喝来贩卖奴隶和牲畜。

中国古代的商人分为行商和坐贾两种类型。行商以叫卖广告为主，设摊出售商品的坐贾则以实物展示和口头叫卖的方式招揽生意。

2. 招牌广告

招牌和幌子也是古代的主要广告形式。《韩非子・外储说》中有“宋人有酤酒者，升概甚平，遇客甚谨，为酒甚美，悬帜甚高”，这是我国关于酒家和酒旗的最早记录。除酒旗外，其他行业也有各种标志性的广告形式，如《费长房》中说“市有老翁卖药，悬一壶于肆头”，这是用葫芦作为药铺的象征性标志，悬挂于街头或药铺的门前。这里的“悬旗”“悬壶”有非常醒目的视觉效果，我们现代称其为招牌广告。

（二）近代广告

近代广告发展最显著的标志是报纸广告的出现。

1473年，英国人威廉·坎克斯印刷了许多宣传宗教内容的广告，张贴在伦敦街头，这是西方最早的印刷广告。

1622年，英国人尼古拉斯·布朗和托马斯·珂切尔创办的第一份英文报纸《每周新闻》在伦敦出版，在该报纸中就有关于借书的广告。

1704年，美国的第一家报纸《波士顿新闻通讯》刊登了一则向广告商推荐报纸的广告。到1830年，美国已有约1 200种报纸，许多报纸第一版大部分或整版都是广告。在报纸广告盛行的同时，杂志广告也不断增加，并出现了广告代理商和广告公司。

近代广告的特征是由于商品经济和媒体（如报纸、杂志、电台等）的发展，广告业产生并发展起来，广告管理和研究也随之开始出现。

（三）现代广告

第二次世界大战后，市场竞争的进一步加剧和科学技术的突飞猛进，推动了广告业的迅速发展。视频技术、印刷技术和通信技术的重大改进，使杂志、报纸销量大增，电子广告、霓虹灯广告、路牌广告、车体广告、售点广告、邮递广告及广告书刊大量涌现，现代广告业得到了前所未有的发展。

人类进入21世纪后，国际广告发展迅猛。伴随着经济的全球化，广告竞争也呈现出全球化的趋势。国际广告公司的规模越来越大，广告收入也越来越多。以电脑为代表的现代高科技手段广泛应用于广告的制作中，大大提高了广告的质量。互联网技术使广告突破了地域和时间的限制，加强了双向沟通。越来越多的广告商业色彩淡化，广告宣传更加注重柔性化。

小案例

耐克广告的“卖点”

在现代广告中，强行推销的硬性广告日渐减少，取而代之的是情理交融、让受众喜闻乐见的广告形式。耐克有一则广告不像其他广告那样大肆张扬其产品，而是拍摄了一支“飞人”乔丹和卡通形象兔子本尼打篮球的电视短片。整个短片中几乎看不到对耐克产品的宣传，让人们感觉这仅仅是一则有趣的电视短片。为了不引起消费者的反感，耐克就是要将广告做得不像广告。

二、广告学

所谓广告学，就是研究广告的历史、理论、策略、制作与经营管理的科学。广告学研究的目的就是要揭示和总结广告发生、发展和演变的规律。广告学的具体研究内容主要包括广告活动和广告事业两个方面。

广告活动研究主要包括对广告媒体的研究、消费者心理的研究和广告策略的研究等内容，其中广告策略又具体包括广告定位、广告创意、广告文案等内容。

广告事业研究主要包括对广告人的研究、广告组织的研究和广告管理的研究等内容。

任务四　广告学的学习方法

广告学既是一门独立的学科，又是一门融会经济学、管理学、营销学、传播学、美学等于一身的边缘学科。抛开扎实的文化基础和丰富的实践经验，认为单纯地学好广告学就能做好广告工作，无异于天方夜谭。学习广告学重在实践，将理论应用于广泛的社会实践中，在实践中检验理论，才能有所收获。下面仅提出几点学习方法供大家参考。

一、比较借鉴法

所谓比较借鉴法就是对广告学的相关理论进行比较研究，从中找出值得学习与借鉴的方法。在研究广告理论的时候，首先应该分析该理论产生的时代背景和前提条件，然后分析其实践效果和现实意义，最后甄别出可供我们采用的思路或方法。

二、案例分析法

案例分析法就是把广告工作中出现的问题作为案例，进行研究分析，以培养学生的分析能力、判断能力、解决问题及执行业务能力。

三、评析法

评析法就是对所见所闻的广告进行分析与思考，在尊重广告效果客观事实和社会公众认可标准的基础上，分析其优点与不足、成功与失误，提出自己的观点和见解，不断积累自己对广告的感性认识。

项目小结

● 本项目主要介绍了广告的基本知识。在认识广告的时候，首先应该知道广告是什么。广告就是由广告主付费，通过大众媒介传播，目的是劝服受众购买商品或服务的商业传播活动。本书所指广告均为商业广告，商业广告一般包括广告主（如企业）、广告经营者（如广告公司）、广告发布者（如媒体单位）、广告信息和广告受众等要素。

● 广告的特点主要有：广告是一种要付出成本的信息传播活动；广告是一种面向大众的营销手段；广告是一种经过艺术加工的文化产品；广告是一种符合公序良俗的经济行为。

● 广告已经成为我们生活中的一部分，因为广告对我们的影响无处不在。本项目主要从消费者、企业和社会三个方面介绍了广告的影响和作用。

● 广告是商品经济的产物，广告从产生到现在，大致经历了古代广告、近代广告和现代广告三个阶段。古代广告以口头广告和招牌广告为主要表现形式，近代广告以报纸等大众媒体广告为主，现代广告以现代媒体技术参与广告活动为代表。

● 广告学的具体研究内容主要包括广告活动和广告事业两个方面。

● 本项目介绍了广告学的三种学习方法：比较借鉴法、案例分析法和评析法。

案例分析

经典广告语

味道好极了——雀巢咖啡

滴滴香浓，意犹未尽——麦斯威尔咖啡

只溶在口，不溶在手——M&M巧克力

想想还是小的好——大众甲壳虫汽车

科技以人为本——诺基亚

钻石恒久远，一颗永流传——戴比尔斯钻石

串起生活每一刻——柯达

好东西要与好朋友分享——麦斯威尔咖啡

人头马一开，好事自然来——人头马XO

牛奶香浓，丝般感受——德芙巧克力

车到山前必有路，有路必有丰田车——丰田汽车

燕舞，燕舞，一片歌来一片情——燕舞收音机

百事，新一代的选择——百事可乐

威力洗衣机，献给母亲的爱 ——威力洗衣机

大宝，天天见——大宝护肤品

万家乐，乐万家——万家乐电器

早一粒晚一粒，远离感冒困扰——康泰克感冒片

妥帖保护，伸缩自如 ——邦迪创可贴

喝了娃哈哈，吃饭就是香——娃哈哈

一股浓香，一缕温暖——南方黑芝麻糊

新飞广告做得好，不如新飞冰箱好——新飞冰箱

康师傅方便面，好吃看得见——康师傅方便面

羊羊羊——恒源祥羊绒衫

海尔，真诚到永远——海尔电器

治疗感冒，黑白分明——白加黑感冒药

孔府家酒，叫人想家——孔府家酒

农夫山泉，有点甜——农夫矿泉水

不在乎天长地久，只在乎曾经拥有——西铁城手表

青丝秀发，延续百年——百年润发洗发水

请从中选出你喜欢的广告语，并说明理由。

基本训练

1. 在报纸、电视、广播、网络、大街上和商场里面，广告无处不在，请你记录一下你一天能够接触的各类广告有多少条，然后计算一下在你们地区平均一个人一天能接触多少条广告。

2. 广告对我们的生活有什么影响？大家不妨召开一场辩论赛，以“广告对我们的影响”为题目进行辩论，正方以“广告有益生活”为论点，反方以“广告扰乱生活”为论点。

项目二 广告基本原理

引子：

对于企业营销人员来说，经常会有这样的疑问：我们的产品质量很好，可为什么就是不畅销呢？我们的新产品确实不错，可消费者为什么对它不感兴趣呢？我们的产品定价并不高，可怎么就是没人买呢？在企业营销过程中，遇到这些问题该如何解决呢？

理论目标

1. 理解广告定位理论的内涵。
2. 掌握 USP 理论和整合营销传播理论的要点。
3. 理解 5W 理论在广告中的应用。
4. 理解 6W＋6O 理论在实践中的应用。

能力目标

1. 学会运用广告定位策略解决实际问题。
2. 运用 6W＋6O 理论对企业广告进行分析。

任务一 广告定位理论

在广告泛滥、信息爆炸的今天，消费者每天要接收大量的广告信息。例如，尽管市场上饮料品牌众多，但人们最熟悉的还是可口可乐、百事可乐等少数几种品牌。人们为什么总是容易记住少数的几个品牌，而忽略了其他品牌呢？

一、定位理论简介

20 世纪 70 年代早期，美国的杰克・特劳特（Jack Trout）和艾・里斯（Al Ries）在《广告时代》杂志上发表了《定位时代》一文，引发了营销界的一场思想革命与实践革命。1996 年，杰克・特劳特与合作者又出版了《重新定位》一书，使定位理论成为完整的思想体系。

定位理论的产生，源于信息爆炸时代对商业运作的影响结果。消费者每天要面对大量媒体、产品和广告信息的“轰炸”，常感到无所适从。同质产品、相同“面孔”的广告经常让消费者眼花缭乱、头晕目眩。因此，如何让产品广告换个“面孔”就显得非常有必要。

按照杰克・特劳特和艾・里斯的观点，定位就是使产品在未来的潜在顾客的脑海里确定一个合理的位置。定位改变的只是产品的名称、价格及包装，产品本质则完全没有改变，其目的只是使产品在潜在顾客心中得到有利的地位。

二、广告定位理论的基本观点

（1）广告的目标是使一个产品、品牌或公司在消费者心目中获得一个认定的区域位置，或者占有一席独有之地。

（2）广告应将传播的效力集中在一个狭窄的目标上，力图在消费者心中占据一个位置。

（3）运用广告创造出独有的位置，特别是“第一说法”“第一事件”“第一位置”。因为创造“第一”才能达到让消费者难以忘怀、不易混淆的优势效果。

（4）广告创意表现出的差异性，并不是指产品的具体功能性利益，而是要实现和显示出品牌之间的区别。

（5）这样的定位一旦建立，无论何时何地，消费者只要产生了相关的需求，就会自动地想到广告宣传的这个品牌、公司或产品，达到“先入为主”的效果。

小知识

品牌定位的核心——STP

所谓的 STP，即市场细分（segment）、目标市场选择（targe）和市场定位（position）。

1. 市场细分

企业按照消费者的一定特性，把复杂的市场分成若干个子市场。不同的子市场，消费者的需求差异比较明显；在同一个子市场内部，消费者的需求则有相同性。市场细分使企业容易发现机会，从而使企业设计品牌个性、塑造品牌形象有了客观依据。

2. 目标市场选择

企业依据市场细分的结果，根据自身状况和产品特点，结合营销目标，选择对企业和产品最具优势和吸引力的细分市场，即目标市场。企业的一切品牌经营活动都必须始终围绕目标市场展开。品牌定位更要针对目标市场，与目标市场的特征与消费需求保持一致，最终使品牌获得目标市场的接受和认同。

3. 市场定位

企业一旦选定了目标市场，就要为目标市场确定品牌可能的位置形象，并依此来设计自己的产品和品牌，以争取目标消费者的认同。由于品牌形象的建立通过消费者的主观反映来实现，因此还要将品牌形象信号化。在这里，品牌成为连接企业与消费者的桥梁与纽带，品牌定位也就成为市场定位的核心和集中表现。

三、广告定位策略

（一）强势定位

强势定位就是要占据某一产品类别中第一或领导位置的定位策略。在体育比赛中，冠军总是能给人留下深刻印象，因为“第一”是一种最容易深入人心的途径，如果某类产品在消费者的心中还是一片空白，“第一”“领先”“最大”很容易使产品占据消费者心中的位置。

（二）跟随定位

跟随定位就是在承认领导者地位的基础上，占据紧随其后的位置。之所以要这样做，一方面是因为自己的实力还不够强大，为了减轻竞争压力；另一方面是因为通过与市场领导者建立起一定的关联，可以获得一定的市场份额。

小案例

蒙牛乳业的跟随定位

1999 年年初，蒙牛乳业刚成立，力量非常弱小，资金只有一千多万元，与伊利集团根本无法抗衡。在牛根生的带领下，蒙牛乳业从小到大逐渐发展壮大起来。

2000年前后，蒙牛乳业提出了“创内蒙古乳业第二品牌”的创意。当时内蒙古乳品市场的第一品牌是伊利，蒙牛还名不见经传。但蒙牛通过伊利，使消费者知道了蒙牛，而且留下的印象是：蒙牛似乎也很强。蒙牛乳业当年的路牌广告上写着“蒙牛乳业，创内蒙古乳业第二品牌”“向伊利学习，为民族工业争气，争创内蒙古乳业第二品牌”。蒙牛还在冰激凌的包装上打出“为民族工业争气，向伊利学习”的字样。蒙牛乳业表面上似乎是为伊利免费做广告，实际上是为自己做了广告，默默无闻的蒙牛乳业正是借了伊利这样的大企业的“势”，出了自己的“名”。

（三）空隙定位

空隙定位就是寻找更小的细分市场，填补消费者心目中的空隙。一个企业无论多么强大，都不可能占领整个行业的全部需求市场，这就给了中小企业生存的空间。中小企业只有细分市场，在更小的市场上建立自己的领先地位，才不会在与大象的共舞中被踩死。在广告创意中寻找市场空隙进行定位的方法有很多，如产品质量比不过，就比价格；价格比不过，就比服务；如果都不行，就为有特别需求的顾客服务。

（四）再定位

再定位就是打破产品在消费者心目中所保持的原有位置与结构，使产品按照新的观念在消费者心目中重新排位。再定位意味着必须先把旧的观念或产品搬出消费者的记忆，才能把另一个新的定位装进去。

小案例

海尔的变化

海尔集团的前身是1984年成立的青岛电冰箱总厂。1985年，青岛电冰箱总厂引进德国利勃海尔公司的先进技术和设备，生产出亚洲第一代“四星级”电冰箱。当时，该产品定名为“琴岛-利勃海尔”，在广告中以宣传冰箱的品质优良为重点。1991年，企业名称简化为“青岛琴岛海尔集团公司”，产品品牌名称也同步简化为“琴岛海尔”牌。1993年，经过深入调研和分析，企业名称简化为“海尔集团”，以英文“Haier”作为企业品牌识别标志，在完成产品延伸后，海尔开始突出“中国造”“向国际营销商授权”等新的广告定位。

任务二 USP 理论与整合营销传播理论

一、USP 理论简介

USP 是 unique selling proposition 的简称，中文译为“独特的销售主张”。

USP 理论被称为广告诉求的理论经典，它解决的是关于广告诉求的问题。该理论由美国的罗瑟·瑞夫斯（Rosser Reeves）于 1961 年在其出版的《广告的现实》一书中正式提出。瑞夫斯认为，广告只有能指出产品的独特之处才能行之有效，因此广告创作者应发现和发展自己的独特销售主题，并在广告中通过足量的重复将其传递给受众。

小案例

舒肤佳的“除菌”概念

在舒肤佳进入中国市场之前，力士已经占据了大部分的中国香皂市场。从 1992 年开始的几年时间里，舒肤佳后来居上，在中国香皂市场中的份额保持领先。

舒肤佳的成功因素有很多，关键的一点在于它找到了一个新颖而准确的概念：“除菌”。舒肤佳的营销传播以“除菌”为核心概念，以“有效除菌护全家”为诉求，并在广告中通过踢球、挤车、扛煤气罐等场景告诉大家，生活中会感染很多细菌，放大镜下看到的细菌多到让人“吓一跳”。然后，舒肤佳通过“内含抗菌成分‘迪保肤’”的理性诉求和实验来证明舒肤佳的香皂可以帮你把手洗“干净”。

USP 理论包含三个方面的内容：

第一，每个广告都必须向消费者说明一个主张：“购买此产品你会得到哪种具体的好处”。

第二，这种主张必须是其他竞争者不会或不能提出的独特主张，该主张可以是品牌所独有的，也可以是在特定领域中所独有的。

第三，这种独特的销售主张必须具有足够吸引力，吸引新顾客购买和使用你的产品。

应注意的是：

（1）消费者只对与自己有关的产品感兴趣，所以在创作广告时，要说明产品与消费者有什么关系。

（2）当消费者注意到某产品时，还要通过一定的产品特征来进行标记，便于消费者记忆。

（3）在买方市场环境下，同质产品很难引起消费者的特别注意，只有将产品进行差异化营销，才会赢得消费者的青睐。

二、整合营销传播理论简介

1992年，美国西北大学教授唐·舒尔茨（Don E. Schultz）及其合作者出版了《整合营销传播》一书，该书是世界上第一部关于整合营销传播理论的专著。整合营销传播理论作为一种实战性极强的操作性理论，得到了企业界和营销理论界的广泛认同。

整合营销传播的核心思想是把广告、促销、公关、直销、组织识别（corporate identity，CI）、包装、新闻媒体等一切传播活动都涵盖到营销活动的范围内，使企业能够将统一的传播信息传达给消费者，使消费者对产品和企业建立起一个统一的观念。

美国广告公司协会对整合营销传播的定义是："整合营销传播是一个营销传播计划概念，要求充分认识制订综合计划时所使用的各种带来附加值的传播手段——如普通广告、直接反映广告、销售促进和公共关系——并将之结合，提供具有良好清晰度、连贯性的信息，使传播影响力最大化。"

整合营销传播是为了适应市场环境变化的需要而产生的，其特点主要有：

第一，目标的统一性。就是在公司统一的目标下完成营销系列工作。例如，虽然广告公司能够制作出超凡的创意广告作品，并深深打动消费者，但该广告未必就有助于本企业战略目标的实现。

第二，传播的连续性。就是所有在不同媒体传播的信息都应彼此关联，在一个营销传播战术中可以使用相同的口号、标签说明，以及在所有广告和其他形式的营销传播中表现相同的行业特性等。例如，可口可乐利用体育营销等方式吸引消费者的注意，同时根据某一事件创作广告语，如"抓住这感觉""可口可乐：节日'倍'添欢乐""看足球，齐加油，喝可口可乐"等。

一个品牌的广告内容的变迁总是与品牌的市场定位紧密相连，总结起来有以下特点：

（1）言简意赅的广告语不仅便于记忆，更容易使人们产生品牌的联想。

（2）广告语是根据当时产品所处市场地位、竞争环境等因素而创作的，是为市场的拓展而服务的。

（3）广告语是品牌定位的一种文字表达方式，可以在文字表达形式上做出改变，核心内容和方向不要轻易改变。

（4）一个品牌的产生过程是一个不断累积的过程，也是一个不断深入的过程，广告应从始至终都是前后相关联的，内涵也应逐步丰富。

三、USP理论与整合营销传播理论在广告中的应用

USP理论侧重于广告诉求方面，即广告战术的运用；而整合营销传播理论侧重于广告策略方面，属于战略运用。在实际广告工作中，既要战略正确，也要战术得当。所以在制定广告策略时要注意以下几个问题：

（1）广告策略是整体营销策略的组成部分，为了提升品牌和产品形象，要将广告、推销、公共关系等多种传播手段的信息进行整合，为广告主服务。

（2）在进行广告投放时，要进行多种媒体的组合分析，目的是让广告的效果达到最佳。

（3）广告主题要紧紧围绕营销目标，在仔细研究产品和消费者购买诱因的基础上，找出消费者最喜爱的、使产品效能发挥到最大的广告主题。

（4）创作出个性鲜明、富有独特说服力的广告。

（5）对广告效果进行评估，不断改进、不断创新。

任务三　5W理论与广告传播

一、5W理论简介

1948年，美国的哈罗德·拉斯韦尔（Harold Lasswell）在其发表的论文《传播在社会中的结构与功能》中，首次提出了构成传播过程的五种基本要素，即who（谁）、say what（说什么）、in which channel（通过什么渠道）、to whom（向谁说）和with what effect（有什么效果），并按照一定结构顺序将它们排列起来。这就是后来被人们称为“5W模式”或“拉斯韦尔程式”的传播过程理论。对于广告而言，5W理论构成了广告运动的全部内容。

二、5W理论在广告中的应用

（一）广告传播的主体

广告传播必须明确广告主，这是由广告传播的目的和责任所决定的。广告的目的就是

向消费者传播商品或服务的信息。当消费者接受广告信息后，需要购买这种商品或服务时，就必须了解这是谁生产或提供的。另外，广告传播要对社会、消费者负责，只有明确是谁发出的广告传播，才能真正明确责任主体。

（二）广告传播的客体

信息具体是指思想观念、感情、态度等，这里的信息不是泛指任何方面的信息，而是限于广告所诉求的信息。广告主只有把诉求的信息传播给受众，才能达到广告传播的目的。

小知识

广告诉求点

广告诉求点是指某种商品或服务在广告中所强调的、企图劝服或打动广告对象的传达重点。根据广告表现方式的不同，广告诉求点可以分为感性诉求和理性诉求。

感性诉求，又称情感诉求，就是采用感性说服方法的广告表现形式。这种广告通过向消费者传达感情或情绪来达到宣传商品和促销的目的。感性诉求的广告不做功能、价格等理性介绍，而是把商品的特点、能给消费者提供的利益点，用富有情感的语言、画面、音乐等手段表现出来，使消费者在感情获得满足的过程中接受广告信息，保持对该商品的好感，最终能够采取购买行为。如广告语“威力洗衣机，献给母亲的爱”，就属于感性诉求。

理性诉求，也称说明性诉求，就是采用理性说服方法的广告表现形式。这种广告说理性强，常常利用可靠的论证数据揭示商品的特点，以获得消费者理性的承认。它既能给消费者传授一定的商品知识，提高其判断商品的能力，又会激起消费者对产品的兴趣，从而提高广告活动的经济效益。通常的理性诉求广告有承诺广告、旁证广告、防伪广告、比较性广告等。

（三）广告传播的中介

广告要依托一定的媒体才能实现传播，而广告信息只有转化为传媒信息，才能实现跨越时空的传播。这里的“传媒信息”，就是指广告传播通过特定的媒体，把商品或服务信息转变成文字、图像等符号形式，才能被受众所接受。由于选择的媒体不同，信息传播的形式（如文字、图像等）也会随之改变。

（四）广告传播的对象

广告传播总是要针对一定的对象进行的，没有对象的传播是毫无意义的，即使广告主不能具体确定接受其广告信息的人在哪里、有多少人、都是哪些人，也并不妨碍广告传播是针对某些人来进行的。事实上，广告主在开始发出广告信息时，总是以预想中的受众为目标对象的。

（五）广告传播的反馈

广告活动不仅是广告主向受众发出信息的过程，还包括信息的接受以及由受众对广告效果做出评价的过程，即广告活动是传播、接受、评价的总和。所以，广告传播活动不是一个单向的直线性传播，而是一个不断循环、发展和深化的过程。

任务四　6W＋6O 理论与消费者行为研究

营销学家将消费者的购买动机和购买行为概括为 6W＋6O，从而形成消费者购买行为研究的基本框架。其具体内容包括以下六个方面。

一、市场需要什么（what）——有关产品（objects）是什么

通过分析消费者希望购买什么、为什么需要这种商品而不是需要那种商品，研究企业应如何提供适销对路的产品去满足消费者的需求。

二、为何购买（why）——购买目的（objectives）是什么

通过分析购买动机的形成（生理、心理、自然、经济、社会因素的共同作用），了解消费者的购买目的，采取相应的市场策略。

三、购买者是谁（who）——购买组织（organizations）是什么

分析购买者是个人、家庭还是集团，购买的产品供谁使用，谁是购买的决策者、执行者、影响者。根据分析，组合相应的产品、渠道、价格和促销策略。

四、如何购买（how）——购买组织的作业行为（operations）是什么

分析购买者对购买方式的不同要求，有针对性地提供不同的营销服务。在消费者市

场，分析不同类型的消费者的特点，如经济型购买者对性能和廉价的追求，冲动型购买者对情趣和外观的喜好，手头拮据的购买者要求分期付款，工作繁忙的购买者重视购买方便和送货上门等。

五、何时购买（when）——购买时机（occasions）是什么

分析购买者对特定产品的购买时间的要求，把握时机，适时推出产品，如分析自然季节和传统节假日对市场购买的影响程度等。

六、何处购买（where）——购买场合（outlets）是什么

分析购买者对不同产品购买地点的要求。如消费品注重方便性，顾客一般要求就近购买；选购品则要求在商业区（地区中心或商业中心）购买，这样可以一边挑选对比一边购买；特殊品往往会要求直接到企业或专业商店购买等。

项目小结

● 定位理论由杰克·特劳特和艾·里斯提出，定位就是在消费者心目中确定一个合理的位置。广告定位策略主要有强势定位、跟随定位、空隙定位和再定位等。

● USP 即"独特的销售主张"，USP 理论由罗瑟·瑞夫斯提出。整合营销传播理论由唐·舒尔茨及其合作者提出。USP 理论侧重于广告诉求方面，而整合营销传播理论侧重于广告策略方面。在实际广告工作中，要将 USP 理论和整合营销传播理论综合起来运用。

● 5W 理论由哈罗德·拉斯韦尔提出，5W 是构成传播过程的五种基本要素，即 who（谁）、say what（说了什么）、in which channel（通过什么渠道）、to whom（向谁说）和 with what effect（有什么效果），并按照一定结构顺序将它们排列起来。对于广告而言，5W 理论构成了广告运动的全部内容。

● 6W+6O 理论即市场需要什么（what）——有关产品（objects）是什么；为何购买（why）——购买目的（objectives）是什么；购买者是谁（who）——购买组织（organizations）是什么；如何购买（how）——购买组织的作业行为（operations）是什么；何时购买（when）——购买时机（occasions）是什么；何处购买（where）——购买场合（outlets）是什么。

案例分析

从广告看“动感地带”

“动感地带”(M-ZONE) 是中国移动第一个为年轻市场量身定做的移动通信品牌。通过建立针对年轻市场的通信品牌，在细分的市场中保持中国移动的领导地位，培养年轻用户成为未来的忠诚客户，为中国移动赢得未来市场。

“动感地带”仅用了 15 个月就赢得了 2 000 万目标人群，也就是说，平均每 3 秒钟就会有一个新用户诞生。“动感地带”品牌为什么在如此短的时间内就取得了这么大的胜利?我们仅从广告角度进行分析。

“动感地带”的目标人群是年轻人，在广告表现上都突出了年轻和流行，广告语“我的地盘，听我的”，符合年轻一代崇尚个性、追求时尚、紧贴潮流的特征。

“动感地带”的前期传播分为两个阶段。

一、初始化阶段

在这个阶段，中国移动奠定了品牌沟通的基础要素——名称、标志、口号、广告格式等，并根据年轻人的语言和行为特征设计了使他们产生共鸣的语音语调，并相应地创作出了系列广告：5 支 15 秒电视广告、1 支广播广告、4 版平面广告及相应通路制作物和灯箱广告，使目标消费群体在短期内认得它，并被它所吸引。这个阶段的沟通重点在于讲解涂鸦效果的标志内涵、“我的地盘，听我的”的品牌主张和“移动 QQ、超值短信套餐及图片/铃声下载”三项重要业务。

二、告知增强阶段

这期间，中国移动公布了酝酿已久的形象代言人，利用超人气年轻偶像周杰伦树立品牌形象。此时的沟通重点仍然在品牌主张和三大重要业务上，主要由 3 支电视广告、4 版平面广告及相应通路制作物和灯箱广告完成，并举办了大型新闻发布会宣告形象代言人。

请问：“动感地带”的广告定位是什么？为什么要如此定位?

基本训练

1. 训练类型

(1) 模拟项目导入：教师可以指定某一品牌广告，让学生分析 6W+6O。

(2) 真实项目导入：参与某企业的产品或服务的广告传播，进行定位分析和品牌形象分析。

2. 训练说明

(1) 将全班同学按每组5人分成若干小组，每组选一个组长负责全组工作，安排落实每位组员的职责，制订好计划。

(2) 每个小组对企业的广告进行讨论，形成论文交给指导教师修改后进一步完善论文。

(3) 活动结束后，每个小组都要以实训报告的形式对本次活动进行总结，然后把实训报告交由指导教师点评后进一步完善，最后交给指导教师存档。

3. 广告基本原理实训成果表

<table>
<tr><td colspan="2">项目名称</td><td colspan="4">广告基本原理实训</td></tr>
<tr><td colspan="2">实训类型</td><td>模拟项目/真实项目</td><td>实训地点</td><td colspan="2">多媒体实训室/广告公司</td></tr>
<tr><td>姓名</td><td></td><td>实训内容</td><td></td><td>指导教师</td><td></td></tr>
<tr><td colspan="3">评价内容</td><td colspan="2">成绩评定标准</td><td>成绩</td></tr>
<tr><td colspan="3">小组提交广告定位分析占总成绩的30%，品牌形象分析报告占总成绩的20%</td><td colspan="2">1. 分析报告结构严谨，逻辑性强，内容详略得当，简明扼要，重点突出
2. 结论、建议可行</td><td></td></tr>
<tr><td colspan="3">每位小组成员提交一份个人的实训总结，个人的实训总结占总成绩的50%</td><td colspan="2">1. 实训总结主要针对本次活动的感想、收获，还包括活动中出现的问题及其解决方式
2. 字数不得少于1 000字</td><td></td></tr>
<tr><td colspan="5">总成绩</td><td></td></tr>
</table>

【注意】

(1) 以上所有作业一律使用A4纸，手写、打印都可以。如打印，标题用三号字、正文用小四号字，在每页的页脚中心位置标明页码。

(2) 所有作业都必须制作封面并装订成册。

项目三 广告预算

引子：

A广告公司是B化妆品公司的综合广告代理商。小王大学毕业，刚刚加入A公司市场部负责客户服务。一天，市场部经理告诉小王："最近，B公司为了推出某新产品，委托我们制作并发布一则新产品的电视广告，但是对于广告费用心里无数。请你为B公司草拟一份广告预算，具体广告形式将根据预算进行调整。"经理给了小王一些相关资料做参考。

接到这项任务，小王心里又高兴又有些紧张。高兴的是经理信任自己，把这么重要的任务交给自己；紧张的是自己从来没有做过广告预算，应该从哪里着手做起呢？

小王首先整理了一下手头的资料，她发现资料里面有一份B公司的产品上市推广计划和一个电视广告的粗略方案。经过一番思索，小王列出了一些问题：什么是广告预算？广告预算的目的是什么？广告预算的范围是什么？广告预算的制定方法有哪些？

制定广告预算是广告业务人员应该掌握的一项基本能力。一些大的广告公司都有预算员岗位。广告预算也可能由广告公司的市场部（或客户部），或者企业的市场部（或广告部、策划部）的资深人员负责。上例中，小王作为广告公司的市场部职员，履行的就是广告预算员的职责。

理论目标

1. 理解广告预算的基本概念、意义以及广告公司在预算中的作用。
2. 掌握广告费用的内容范围，了解广告费用的白灰黑三色分类法。
3. 了解广告预算的影响因素。
4. 掌握几种广告预算制定的方法。

能力目标

1. 能够正确分析广告预算的影响因素，进行预算前调研。
2. 能够运用适当的预算方法制定预算总额。

3. 能够对预算总额进行恰当的分配，并编制简单的广告预算表。

4. 能够进行预算控制和预算执行效果评估。

任务一 广告预算概述

广告预算是企业在广告的资金管理中行使计划职能的具体表现，那么，什么是广告预算？它的意义和作用体现在哪里？在着手具体的预算工作之前，广告从业人员有必要了解一些广告预算的基本背景、概念和理论。

一、广告预算的含义

预算是指企业或个人对未来一定时期内经营、资本、财务等方面的收入、支出以及现金流等所做的总体计划。它把各种经济活动用货币的形式表现出来，是执行本组织任务、完成财务目标所需的一种财务计划。

广告预算是广告主为了实现广告目标，对广告活动所需经费总额及其开支范围所做的事先部署和安排。具体来说，广告预算就是指在一定时期内，企业打算在广告宣传方面所投放的资金，它决定着企业在广告计划期内从事广告活动所需的经费总额、经费使用范围和使用方法，是企业广告活动得以顺利进行的保证。它包括两大内容：支出多少广告费用；广告费用应何时支出及怎样支出。

二、广告预算的意义

为什么要进行广告预算？广告预算到底有什么用？这牵涉到广告预算的意义，企业广告费用的支出适当与否直接关系着广告活动的效果。广告预算无论从战略上还是实践上来说，对企业都具有重要的意义。

（一）战略意义

1. 能使企业有效控制成本

广告费是企业营运成本的一部分，如果对此费用加以计划，就能控制企业的整个成本，企业利润的获得就会有所保障。

2. 使广告费用更具计划性

企业通过广告预算可以对每一项活动、每一段时间、每一种媒体上应该投入多少经费做出合理分配，这样就可以保证企业有限的广告经费能合理地、有计划地支出，防止随意性，减少浪费。

3. 增强广告人员的责任感

由于广告预算事先对广告费的使用做出了规定，因此可以促使广告人员在广告活动中提高责任感，充分合理地利用资金，克制不正之风，杜绝不负责任等不良现象。

4. 为评价广告效果提供经济指标

广告是一种需要付出代价的信息传播活动，企业希望通过广告活动获得理想的经济效益。由于广告预算对广告费用的每一项支出都有非常明确的规定，因此通过它可以直接对每一项广告活动的花费与效果之间的关系进行明确的比较，从而估算出广告活动产生的经济效益。

（二）实践意义

1. 可以控制广告活动

通过广告预算，企业可以对广告费用的多少、分配流向、将要起到的效果等方面，做出完整、系统的规定。这样，企业就可以对广告活动进行有效的管理和控制，从而确保广告活动按照预先制订的计划进行。

2. 提高广告活动的效率

企业通过周密合理的广告预算，尽可能地对广告费用的使用方向和投入重点做出合理、科学的安排，以保证每一项具体的广告活动尽可能地达到较理想的效果，从而促使整个广告活动产生较好的效益。

三、广告公司在广告预算中的作用

在确定广告预算时，广告公司通常扮演什么角色呢？有些企业把广告公司看成是很重要的因素，通常让广告公司参与其中的一些重要决策；有些企业则认为广告公司与广告费用的预算毫无关系，完全把广告公司排除在外。

广告公司在制定广告预算过程中到底起着怎样的作用因不同企业各异。一般来说，广告公司在确定广告费用方面的适度参与对广告主是有利的。广告公司参与广告预算活动主要体现在信息咨询方面。广告公司的客户代表可以帮助客户制定详细的目标，并对如何完成任务提供一些优秀的、有价值的参考意见。在广告活动中，广告公司是广告创意与策划的执行者，它们在广告调研、制作与效果测定等方面拥有的专业知识使它们能够比较准确地确定广告活动所需的相关费用。

因此，企业在确定广告预算时不能忽视广告公司所起的作用。

四、广告费用范围的界定方法

广告费用是广告预算的对象。在广告界曾有句名言：企业所投放的广告费总有一半是浪费掉的，却不知道被浪费的是哪一部分。之所以会发生这种现象，除其他原因（如诉求点不正确，广告创意表达不到位，媒体组合不合理）以外，还因为大部分企业在广告费用的认识方面还很模糊，把那些诸如产品说明书的印刷费、包装费、销售会议会务费、员工福利费等与广告宣传工作有关，但与广告目标无关的费用都计算进去了。与广告目标有关的项目才能算入广告费用。

? 小思考

为什么企业所投放的广告费总有一半是浪费掉的？

真正好的广告运作不会让一半的广告投入白白浪费掉。因此，企业为了加强其财务管理，首先要对广告费用进行界定，其次要考虑广告费用的使用方法。在会计科目中哪些属于广告费用范畴、哪些属于其他营销费用项目范畴、哪些属于管理费项目范畴等要界定清楚。

五、广告费用的白灰黑三色分类法

关于广告费用的界定，国际上通用的做法是采用“白灰黑三色分类法”，即企业在核算广告预算项目时，以白、灰、黑三种颜色分别表示三种费用：白色，表示必须计入广告费用的项目；灰色，表示可以计入也可以不计入广告费用的项目；黑色，表示不能列为广告费用的项目。1981 年，美国的查尔斯·帕蒂和文森特·布拉斯特通过对 100 家著名广告公司的调查，验证了该分类法的可行性。其具体内容如表 3－1 所示。

表 3－1　广告费用白灰黑三色分类法

分类		主要费用项目
白色	必须计入广告费用的项目	媒体费，是指购买广告媒体使用权的费用。这是广告费用的主要组成部分，占总费用的 80%～85%。包括购买报纸杂志版面、广播电视播出时段、交通车辆车身版面、公交车站牌、灯箱、霓虹灯、户外电视墙等媒介发布广告的费用
		制作费，是指用于广告作品的摄影、印刷、美术编辑以及广播电视广告的设计和制作等的费用，占广告费总额的 5%～15%

续表

分类		主要费用项目
白色	必须计入广告费用的项目	管理费，包括广告部门工作人员的薪水、支付给广告公司以及广告制作者的费用、营销人员支出的与广告业务相关的各种费用、广告部门员工的差旅费等，约占总费用的10%
		杂费，包括广告材料的运输费用，橱窗、灯箱、广告牌等户外广告的安装费用等
灰色	可以计入也可以不计入广告费用的项目	样本费、示范费、展览费、房屋租金、客户访问费、广告部门各种工具的折旧费、电话费、宣传车的费用、向有关广告组织缴纳的费用、商品目录费、市场调研费用等
黑色	不能列为广告费用的项目	免费派发的赠品、折价券回收费用、向社会组织捐赠的费用、标签费、旅游费、员工的娱乐福利费、产品说明书的印刷费、报纸杂志的订阅费、潜在顾客的接待费等项目不应该计入广告费用的范畴

在我国广告业中，企业支出的正常广告费用一般包括以下五类：

第一，广告调研、策划费用。这类费用主要包括：广告策划之前进行的市场调查、广告创意与策划以及广告投放以后的效果测定等费用。

第二，广告制作费用。包括广告作品的拍摄、美术、印刷等制作费用。

第三，媒介购买费用。包括购买各种媒介的时间、空间用于刊播、发布广告的费用。如购买广播电视广告的时间段、购买报纸杂志广告的版面以及购买户外等广告媒体的费用。

第四，管理费用。包括广告部门工作人员的工资和办公经费、差旅费，支付给广告制作者的手续费和报酬，公关费，与其他营销活动相关的费用，广告部门固定资产的折旧费等。

第五，杂费。主要包括广告材料的运输费、仓储保管费以及橱窗、灯箱等户外广告的安装费等。

任务二　广告预算的制定

有了前面的知识铺垫，现在可以着手进行广告预算的实务操作了。广告预算实务大致可以分为五个相对独立又融为一体的任务环节，分别是：预算前调研、确定预算总额、预算分配、编制广告预算表和制定预算控制与评估标准。

一、预算前调研

明确了广告费用的范畴以后，广告预算前要对一系列企业内外环境中广告预算的影响因素进行调研，为正式的广告预算奠定基础，这些影响因素可以归纳为以下几类。

（一）企业自身状况

1. 企业规模、财力、生产能力等企业内部因素

一般情况下，企业规模越大，实力越强，产量越高，资金相对越雄厚，企业制定的广告预算规模就越大。反之，如果企业的规模较小、实力较弱、产量较低、资金相对不太充裕，那么企业用于广告预算的费用则相对较低。

2. 企业上年度的销售额或利润额

企业只有在上年度的销售额或者利润额中提取一定的比例作为广告预算，才能有效控制营销成本，使资金的使用具有计划性。

3. 企业历年的传播计划

考察企业历年的传播计划中的广告预算和对应的广告效果，同时也要考虑通路费用在营销费用中所占的比例及变化（如考察以前的比例是否合理，是否因为比例过大而降低了广告预算的比例），以便摸索制定广告预算的经验。

4. 广告目标

产品进入市场以后都有一定的市场目标，比如市场占有率、产品知名度、广告到达率、广告记忆程度以及购买率等。这些指标形成了广告目标的核心内容。不同的企业对这些指标的侧重点各不相同，而这些指标的高低也影响着企业广告预算数额的大小。

（二）产品生命周期

产品进入市场以后处于不同的生命周期阶段，由于其广告宣传侧重点不同，所以在不同的产品生命周期阶段其广告预算费用的差别也非常大。

1. 导入期

新产品刚开始投放市场时大多数消费者都不熟悉，购买者不多，销量增长缓慢，利润少甚至可能亏损。这一时期，广告的主要任务是提高产品的知名度，向广大潜在消费者介绍新产品的功能和利益点，让他们对该产品产生需求。企业要利用各种媒体进行广告宣传以开拓市场，提高利润水平。所以，在导入阶段，企业应加大广告费用的投入。

2. 成长期

新产品如果能令市场满意，就进入了成长期。在这一时期，一方面，早前的购买者继续购买该产品，新购买者开始认可该产品，产品的销售额剧增；另一方面，新的竞争者受利润驱使开始仿制该产品并进入市场，市场竞争逐渐加剧。为了保持本产品在市场上的优势，现阶段的广告宣传应突出本品牌形象，在更大的市场上建立产品知名度并激发消费者的兴趣，即扩大市场份额。广告活动要放慢频率，广告费用支出相对导入期有所减少。

3. 成熟期

在成熟阶段，产品的销售增长速度减慢，销量达到饱和状态，产量达到巅峰，竞争更加激烈，产品价格下降，利润增长缓慢。这一时期的广告目标主要是维持市场占有率，广告策略应强调企业品牌形象，广告预算开始随着销量的下降而减少。

4. 衰退期

产品进入衰退期以后，由于被同类新产品替代，随着时间的推移，消费者对产品的忠诚度开始下降，产品的销量和利润迅速下降，市场趋于疲软。这一时期广告的作用主要是提醒。企业在这一时期应采取“收缩”战略，即减少广告预算，希望在消费惯性的作用下尽可能地维持销售额暂不下降。

只有对上述问题有了清楚的认识，才能正确地处理广告预算和产品生命周期之间的关系，极大地发挥广告的作用。

（三）竞争对手

广告是品牌传播的手段之一，为了在品牌形象上压制竞争对手，从而扩大本企业品牌影响力，有些企业通过使用市场调查的手段了解竞争对手去年广告预算和广告效果的对比情况，然后根据竞争者的广告预算来确定自己的广告预算，以便形成与竞争者相抗衡的对等局势。因此在某种意义上，企业的竞争就演变为广告预算的竞争。

（四）消费者

消费者是市场的主体，是广告活动的最终接受者，消费者对广告活动的认识不仅影响其购买行为，也影响企业的广告预算。如果消费者对某种商品的反应较为冷淡，那么企业就应该加大广告预算的投入，增强广告宣传的力度，转变消费者的观念，使其对商品的认识不断提高，以刺激其消费；如果消费者对广告中的商品已持认可态度，提高了对企业品牌的忠诚度，并随之有很高的指名购买及重复购买率，就说明该商品在消费者心目中的地位较高，那么企业可以考虑适当地减少广告预算。

（五）促销活动

产品投放市场以后，企业为了扩大其销量，往往会把广告活动和其他一些促销策略结合在一起使用，以充分发挥每一种促销活动的最佳效应，从而起到协同增效的作用。对于大多数企业来说，资金都是稀缺的、宝贵的资源，因而，企业用于促销活动的费用都是有限的，在促销预算既定的前提下，企业在其他促销活动方面的较大的投入势必减少其广告费用的投入。因此，企业应该正确地处理其广告预算与其他促销活动预算之间的关系，并合理地分配其比例。

（六）媒体

作为广告信息的载体与传播渠道，媒体对广告预算的影响也是至关重要的。其影响归纳起来有如下几点：

（1）目标受众接触媒体的习惯各不相同，企业要针对目标受众的这一特点选择恰当的媒体组合，不同的组合其广告费用是不一样的。因为不同媒体的广告费用各不相同，甚至同一媒体的广告费用也有差别。一般来说，电视广告的费用最高，并且黄金时段、收视率较高的电视节目的广告费用相对来说要更高一些；其他诸如广播、报纸、杂志、户外、网络等媒体的广告费用相对较低。

（2）媒体的传播效果也有差异。首先，不同种类的媒体传播效果有差异，例如，尽管电视广告费用较高，但是由于电视的覆盖范围广，广告传播效果一般要高于其他传播媒体。网络广告和移动传媒（如公交视频）的传播效果逐渐增强，目前有超过电视媒体的趋势。其次，同一种类的媒体其传播效果也有所差异，就电视媒体而言，中央电视台由于影响极大，它的广告效果自然是最大的。因此，媒体的传播效果是影响企业广告费用的重要因素之一。

（3）媒体要根据目标受众对品牌的记忆规律来确定广告投放频率，投放频率不同，广告费用也不一样。

综上所述，企业在制定广告预算时，必须注意传播媒体所产生的影响。

（七）产品的可替代性

产品的可替代性高，为了压制替代性产品的竞争，广告预算就要高一些；反之，产品的可替代性低，几乎没有竞争对手，广告预算就可以低一些。

除上述调查内容以外，国家经济状况与国家法律法规等宏观环境同样也影响广告预算。在做预算前我们都必须调查清楚。

调查完以上各方面的情况后，可以形成一个市场环境调查分析报告，作为后面正式制定广告预算的背景和依据。

二、确定预算总额

（一）预算制定的原则

确定广告预算总额是广告预算工作的关键环节，决不能随心所欲，必须遵循一定的原则和程序。这些原则包括以下几方面。

1. 成本控制原则

广告费用是企业的一项重要营销费用，广告费用来源于企业的销售收入，所以广告开支要考虑企业的承受力。

2. 目标实现原则

任何广告活动都着眼于达成一定的广告目标，广告费用的确定要能够支持目标的实现。

3. 竞争导向原则

任何广告活动都不是在真空中进行的，会受到市场环境复杂因素的影响。你在做广告，别的企业也在做广告，只有把广告预算额度放在复杂的市场竞争环境中来考虑，才有利于实现市场竞争目标。

总之，确定企业广告预算时，要在成本控制的前提下，确保广告目标的实现，同时要考虑环境竞争因素。

小案例

手机号码=广告预算?

1995年11月8日，秦池集团以6 666万元夺得央视第二届“标王”。1996年实现销售收入9.8亿元，创下中国白酒销售的纪录。

1996年年底，央视第三届黄金时段广告竞标，名不见经传的山东金贵白酒厂一鸣惊人，报出2.009 9亿元，中国广告报价首度突破2亿元。而这时秦池报出3.212 211 8亿元的价格，全场一片哗然。有记者问秦池的这个数字是怎么计算出来的，时任厂长姬长孔回答：“这是我的手机号码。”众人哑然。

1997年前三个月，秦池实现销售收入4亿元，4—5月销售收入为1亿元，5—12月仅为1.5亿元。当年秦池的销售额仅为6.5亿元；1998年，其销售收入下滑到3亿元，而广告费支出为3亿多元，入不敷出。秦池从此一蹶不振，最终从大众的视野中消失了。

? 小思考

秦池的广告预算失控的原因是什么？

目前，广告界采用的预算方法有数十种之多，可以分为定量预算和定性预算两大类，下面介绍五种相互联系、层层递进的常用方法。

（二）预算制定的定量方法

定量方法是根据比较完备的历史或现实资料，运用数学方法对广告费用进行预算的方法。

1. **销售比例法**

贯彻成本控制原则可以采取销售比例法，即在上年度销售成果的基础上提取一定百分比形成广告预算基数。采取销售比例法得出的预算数字，可以作为广告预算的基数，在此基础上结合其他预算方法进行调整，然后得出最终的预算总额。销售比例法包括销售额百分比法、毛利百分比法以及销售单位法三种方法。

(1) 销售额百分比法。

这是一种运用范围最为广泛的广告预算方法。它通常是根据上年度销售额或者下年度预计的产品销售额来确定广告费用。

计算公式：

广告预算＝上年度销售额（或下年度预计销售额）×广告费占销售额的比例

例如，某企业上年度的销售额为800万元，决定今年要投入的广告费用占销售总额的4%，那么，今年的广告预算为：

800×4%＝32（万元）

这种预算方法计算上快捷、简便，因此被很多企业广泛采用。但它最大的缺点就是比较死板，在竞争环境比较稳定，能够准确预测未来市场动向和销售情况时，这种方法比较适合。如果市场环境变化较大、竞争比较激烈，这种方法的弊端就显露无遗了。

(2) 毛利百分比法。

这种方法是以产品毛利（销售净额－货物成本）为标准来决定广告预算。采用这种方法的企业比采用销售额百分比法的要少。它的缺点也是不能适应环境条件的变化。

例如，某公司产品一年的毛利为100万元人民币，投资广告费用的比例为5%，则下一年的广告预算为：

100×5%＝5（万元）

(3) 销售单位法。

销售单位法是以每一销售单位产品的广告费乘以总的销售量来确定广告预算的规模。这种方法以单位商品摊配广告费，销量大则广告费用多，计算较简便，但是对市场环境的适应性较差。它比较适合类似于汽车、机械设备等大件耐用消费品以及水果、烟酒、化妆品等销售单位明确的商品。

计算公式：

广告预算＝(上年广告费/上年产品销售单位)×本年度产品计划销售单位

例如，某企业上年销售产品10万件，广告投入10万元。今年计划销售20万件，则今年的广告预算为：

(10/10)×20＝20（万元）

2. 目标任务法

在成本控制的原则下形成广告预算基数以后，必须考虑广告目标，对广告预算基数进行调整，形成广告初步预算。我们可以运用目标任务法来完成这一过程，它是指根据企业的营销目标确定所要完成的广告目标，然后确定要实现广告目标必须完成的任务，如广告媒体的选择、广告表现内容的确定、广告的发布时间、频率的安排等，以及完成这些任务所需要的费用，这些费用的总和就是广告初步预算。具体流程如下：

（1）明确地确定广告目标。

（2）确定为达到这种目标而必须执行的工作任务。

（3）估算执行这种工作任务所需的各种费用，这些费用的总和就是广告初步预算。

计算公式：

广告预算＝目标人数×平均每人每次广告到达费用×广告次数

公式中的三个指标都要进行调研，目标人数最好限定某一区域的目标人数，因为不同的区域目标人数是不一样的。要根据消费者对品牌的记忆规律区分每个月的广告次数，因为根据品牌记忆累积规律，每个月的广告次数有所不同，消费者才能产生品牌记忆。

例如，某企业广告目标是要增加 100 万名消费者收看本企业的广告，经调研发现，每增加一名消费者收看本企业的广告需要花费 0.2 元，每个月重复 10 次，那么：

广告预算＝100×0.2×10＝200（万元）

3. 竞争对抗法

在广告初步预算确定的前提下，应综合考虑前面“预算前调研”的所有内容，对广告预算总额进行确定。这里介绍的方法称为竞争对抗法，它是指以主要竞争对手的广告费支出为依据来确定本企业的广告预算。即整个行业广告费数额越大，本企业的广告费也越大；反之，则越小。这种方法明确地把广告作为商业竞争的武器，企业需要有雄厚的财力基础。它是根据市场竞争状况编制广告预算，特别适合在竞争激烈的市场中企业需要凭借广告来加强竞争力量的情况。

竞争对抗法有两种计算方法。

（1）市场占有率法。

计算公式：

广告预算＝(对手广告费总额/对手市场占有率)×本企业预计市场占有率

例如，某企业的竞争对手在某一地区的市场占有率为 10%，广告投入为 200 万元，该企业希望在该地区保持 20%的市场占有率，那么该企业的广告预算为：

(200/10%)×20%＝400（万元）

（2）增减百分法。

计算公式：

广告预算＝(1±竞争对手企业广告费增减率)×本企业上年广告费

例如，某企业竞争对手上一年度广告费用为200万元，今年计划投入300万元，较上一年度增加了50%，该企业上一年的广告投入为300万元，那么该企业今年的广告费用为：

(1＋50%)×300＝450（万元）

运用竞争对抗法的前提条件是要调查竞争对手的广告费用及其变动状况，掌握竞争对手某种商品的市场占有率，计算其单位市场占有率支出的广告费用数额。其主要缺点是广告费用大，容易造成浪费。另外，竞争对手对其广告费用的封锁，易使搜集的信息不太真实，使计算结果出现误差。

（三）预算制定的定性方法

采取上述定量方法可以比较科学地制定出广告预算总额，同时，还可以用定性方法对用定量方法制定出的广告费用总额进行检验和补充。定性方法与定量方法是相对的，它是指凭借过去的知识、经验对未来的广告费用进行感性的估计和推测。定性方法主要包括量力而行法和经验法。

1. 量力而行法

量力而行法又叫支出可能法，这种方法被誉为制定广告预算的最高法则。它要求企业根据自己的经济实力，即财务承受能力，将所有不可避免的投资和开支除去之后，根据剩余资金来确定广告费用。这种方法也称“量体裁衣法”“竭尽所能法”，许多中小型企业通常采用这种方法来确定广告预算。为了更好地做到量力而行，企业一般会选择全面覆盖目标消费群的媒体，以节约为数不多的广告费。

2. 经验法

经验法是指企业决策者以前一时期的广告费为基础，综合考虑市场动向，竞争状况，本企业的财务能力、顾客忠诚度、产品可替代性及生命周期等因素，凭经验对广告预算总额进行适当增加或减少。这种方法操作简便，但是要求企业随时根据外部环境的变化做滚动性的调整，因而它不是一种科学的决策方法，这就要求决策者必须具有丰富的经验和准确的判断力。

制定广告预算是广告策划的一个重要环节，是广告活动能否成功的关键。确定广告预算的方法有很多种，每种方法都有各自的优点和缺点，有些企业在编制广告预算时通常综合采用两种以上的方法。广告主只有充分认识到广告在企业品牌形象构建过程中的积极作用，认识到广告预算的复杂性和风险性，把广告预算工作上升到战略的高度，根据本企业的实际条件和所处的环境，坚持实事求是的原则，才能制定出科学的、切实可行的广告预算方案。

三、预算分配

仅仅有广告预算总额还远远不够，还需要进行预算分配，这样广告预算才具有可操作性。企业应把广告费用分配到以下四个方面。

（一）产品

企业在对广告费用进行分配时，首先应根据不同产品在其经营中的地位、产品所处的生命周期阶段、产品在市场上的发展潜力以及竞争状况，并结合企业的销售目标，有侧重点地进行分配。

小案例

1886年创立于美国纽约的雅芳公司，产品范围涉及护肤品、化妆品、个人护理用品、女性时装、健康食品、流行饰品等多个领域，它在中国境内的广告预算主要投放在护肤品和化妆品两个方面。

（二）媒体

媒体作为广告信息的传播渠道，其费用预算占整个广告预算总额的80%～90%，因此广告预算在媒体方面的分配是一个重要环节。

企业在对媒体进行广告预算的分配时，要考虑以下几方面的问题。

1. 产品的特性

广告产品的性质决定了企业应该选择什么样的媒体作为传播工具。

2. 目标受众接触媒体的习惯特点

这个特点将影响广告的到达率以及广告传播效果是否能达到既定的水平。

3. 不同媒体的广告费用是不同的

例如，在选定的各种媒体中，企业要考虑报纸广告的费用占多少、电视广告的费用占多少、户外广告的费用占多少等问题。而对于同一种媒体来说，广告预算费用也有差异，企业还应对广告费用进行再分配。例如，在电视广告中，企业要考虑电视台每个频道费用的分配比例。

（三）地域

企业应该将整个市场按经济区域或地理区域划分成若干个小市场，然后再根据每个市场的销售目标和状况，把广告预算按不同的比例分配到各个子市场。

（四）时间

由于在不同时期，消费者接触媒体的习惯不同，其购买状况、对某一媒体的关注率也不同。为了提高广告的传播效果，广告策划人员往往根据企业外部的营销环境进行有节奏的投放，以配合企业销售，他们会在合适的时间以恰当的频率刊播广告。因此，广告策划人员还应根据广告刊播的时间安排，按照年度、季度或月度对广告费用进行分配。

四、编制广告预算表

在确定了广告预算总额并对广告预算进行了合理分配的基础上，应编制广告预算表呈报上级审批。广告预算表是企业进行广告预算安排的指导性文件，它以图表的形式将广告活动的各项开支详细地列出来。在实践中，不同企业广告预算表的格式与内容不可能完全相同。表 3-2 是广告预算表的一般结构，请注意将它与白灰黑三色表进行对照。

表 3-2 广告预算表

委托单位： 预算单位： 广告预算项目： 广告预算总额：		负责人： 负责人： 期限： 预算员： 日期：	
项目	开支内容	费用	备注
市场调研费用 问卷设计 实地调查 资料整理 研究分析 其他			
广告设计费用 报纸 杂志 电视 广播 网络 户外 其他			

续表

广告制作费用 　印刷费 　摄影费 　工程费 　其他			
广告媒体租金 　报纸 　杂志 　电视 　广播 　网络 　户外 　其他			
演员酬金 　明星 　群众演员			
促销与公关活动费用 　促销活动 　公关活动			
服务费用			
机动费用			
管理费用			
其他开支			
总计			

由于市场随时变化，广告目标也具有滚动性，广告预算也应根据变化情况适当增加机动经费，以适应市场及企业经营情况的变化。机动费用占广告费用的5%左右。

完成上面的任务后，广告预算经上级批准，就可以执行了。

五、制定预算控制与评估标准

在执行广告预算的过程中，应根据广告计划的要求，合理地、有控制地使用广告费用，及时检查广告活动的进度和广告费用的使用情况。在广告预算使用的过程中，应拟订控制与评估标准，并编制表格记录每笔费用的使用情况，除了将每笔费用的使用效果记录在表格里，如需要调整广告预算也应将调整原因记录在表格里。

任务三　广告预算制定实践

小案例

某运动产品广告实施计划中的广告费用预算

一、广告实施计划

（一）时间

2018 年 6 月 1 日—2019 年 1 月 1 日

（二）媒体组合

以电视为主，网络、报纸、杂志为辅，户外广告次之。

（三）选用媒介

报纸：《人民日报》《体坛周刊》。理由：报纸权威性强、发行量大。

杂志：《当代体育》《体育画报》《NBA 时空》。

主要安排封二、封三（专业杂志尽量争取封面、封底）。

电视台：中央一套、中央三套、中央五套等收视率高且覆盖面广的电视台，广告主要安排在《新闻联播》《体育新闻》等焦点节目前后的黄金时间播出。

网站：雅虎中国、搜狐、新浪、网易等浏览率较高的大网站，广告尽量争取投放在网站的首页。

二、广告费用预算

（一）项目制作与媒介费用

广告整体策划报告：80 000 元

制作电视 25 秒胶片广告：200 000 元

报纸 1/4 版面广告：10 000 元

杂志彩色插页广告：5 000 元

网站首页广告：50 000 元

（二）广告发布费用

1. 电视

中央一套 60 天×2 次/天×5 000 元=600 000 元

中央三套 60 天×2 次/天×5 000 元=600 000 元

中央五套 60 天×2 次/天×4 500 元=540 000 元

2. 报纸

《体坛周刊》6 次×40 000 元=240 000 元

《人民日报》6 次×50 000 元=300 000 元

3. 杂志

《当代体育》25 次×10 000 元=250 000 元

《体育画报》25 次×10 000 元=250 000 元

《NBA 时空》25 次×10 000 元=250 000 元

4. 网络

雅虎中国 60 天×5 000 元=300 000 元

搜狐 60 天×5 000 元=300 000 元

新浪 60 天×5 000 元=300 000 元

网易 60 天×5 000 元=300 000 元

（三）营销活动

500 000 元

（四）机动费用

100 000 元

（五）总计

5 175 000 元

试分析本案例广告预算中所选择的媒体组合及费用分配比例是否合理。

项目小结

● 广告预算是广告主为了实现广告目标，对广告活动所需经费总额及其开支范围所做的事先部署和安排。广告预算对企业来说具有战略与实践的双重意义。广告预算的对象是广告费用，广告费用主要包括广告调研、策划、制作以及购买媒介等方面的费用。广告公司在企业执行广告预算的过程中主要起着提供信息咨询服务的作用。

● 明确广告预算的范畴是指在会计科目中明确哪些属于广告预算范畴，哪些属于其他营销费用科目，哪些属于管理费用科目。

● 广告预算调研包括以下几个方面：

（1）企业自身状况，包括：企业内部因素（企业规模、财力、生产能力）；上年度的销售额或利润额；企业历年的传播计划（广告目标及广告预算）；广告目标。

（2）产品生命周期。

（3）竞争对手（主要竞争对手上年度的广告预算及传播情况）。

（4）消费者（顾客指名购买及重复购买率）。

（5）促销活动。

（6）媒体情况。

（7）产品可替代性。

● 广告预算基数确定是指在上年度的销售额或利润或销售单位中提取一定的百分比作为广告预算基数的过程。

● 广告初步预算确定是指企业根据广告目标在广告预算基数的基础上适当增加或减少，以确定广告的初步预算的过程。

● 广告预算总额确定是指根据研究调查的指标结果，包括历年企业销售额、传播计划、广告目标、竞争对手、顾客忠诚度、广告频率和产品可替代性等在广告初步预算的基础上定性分析，适当增加或减少，形成广告预算总额的过程。

● 广告预算分配应根据具体情况进行，包括产品分配、媒体分配、地域分配和时间分配。

● 在广告预算使用的过程中，应拟订控制与评估标准，并编制表格记录每笔费用的使用情况，除了将每笔费用的使用效果记录在表格里，如需要调整广告预算也应将调整原因记录在表格里。

● 由于市场随时变化，广告目标也具有滚动性，广告预算也应根据变化情况适当增加机动经费，以适应市场及企业经营情况的变化。

课后习题

一、多项选择题

1. 下列确定属于广告费用的是（　　）。

A. 客户访问费　B. 市场调研费　C. 广告制作费　D. 广告公司服务费

E. 产品说明书印刷费　F. 媒体费　G. 灯箱广告安装费

2. 影响广告预算的环境因素包括（　　）。

A. 产品生命周期　B. 竞争对手　C. 消费者　D. 企业销售额

E. 促销活动　F. 媒体　G. 广告目标

3. 广告预算的分配包括（　　）。

A. 产品分配　B. 媒体分配　C. 地域分配　D. 随机分配

E. 时间分配

二、计算题

某运动饮料公司2018年全年销售额5 000万元，毛利1 500万元，当年实际广告费用为200万元。预测2019年全行业销售增长率为10%。该公司计划2019年销售额增长20%，毛利增长30%，全年通过广告投放使100万名消费者收看广告。广告公司的调研数据是，在该广告形式下，广告每到达一名消费者要花费0.3元，广告期内需重复8次才有效。假定其他条件不变，请分别用销售额百分比法、毛利百分比法、目标任务法、市场占有率法计算该公司2019年的广告预算，并对最终的预算总额提出建议。

基本训练

1. 训练类型

(1) 模拟项目导入：教师可以模拟一个项目让学生进行实践。模拟项目要有企业上一年度的销售额、广告费用投入的数额以及广告费用是如何分配的。教师按照广告预算制定流程指导学生编制广告预算。

(2) 真实项目导入：参与某企业的广告预算活动，并编制广告预算书提交给企业。

2. 训练说明

将全班同学按每组5人分成若干小组，每组选一个组长负责全组工作，安排落实每位组员的职责。首先，了解该企业上一年度的销售额、广告费用投入的数额以及广告费用是如何分配的。其次，了解该企业运用了哪种预算制定方法，并分析企业在确定广告预算时考虑了哪些影响因素。最后，根据企业的实际情况，结合本项目广告预算制定流程为该企业编制一份下一年度的广告预算书，提交给指导教师，由指导教师对各组的预算书进行点评。

3. 广告预算实训成果表

<table>
<tr><td>项目名称</td><td colspan="5">广告预算实训</td></tr>
<tr><td>实训类型</td><td colspan="2">模拟项目/真实项目</td><td>实训地点</td><td colspan="2">多媒体实训室/广告公司</td></tr>
<tr><td>姓名</td><td></td><td>实训内容</td><td></td><td colspan="2">指导教师</td></tr>
<tr><td colspan="3">评价内容</td><td colspan="2">成绩评定标准</td><td>成绩</td></tr>
<tr><td colspan="3">小组提交广告预算成果，广告预算书的成绩占50%</td><td colspan="2">所提交的预算书要求结构严谨，逻辑性强，内容详略得当，简明扼要，重点突出，结论、建议可行</td><td></td></tr>
<tr><td colspan="3">每位小组成员提交一份个人的实训总结，个人的实训总结占总成绩的50%</td><td colspan="2">1. 实训总结主要针对本次活动的感想、收获，还包括活动中出现的问题及其解决方式
2. 字数不得少于1 000字</td><td></td></tr>
<tr><td colspan="6">总成绩</td></tr>
</table>

【注意】

(1) 以上所有作业一律使用A4纸，手写、打印都可以。如打印，标题用三号字，正文用小四号字，在每页的页脚中心位置标明页码。

(2) 所有作业都必须制作封面并装订成册。

项目四 广告调研

引子：

调研让柒牌的旗帜高高飘扬

柒牌的《心动篇》广告曾让柒牌名声大振，但也被广大消费者视为恶俗广告，其广告语“让女人心动的男人”也同样被认为是恶俗的广告语。柒牌一方面拥有较高的知名度，另一方面却陷入了庸俗的尴尬境地，为了扭转这种局面，企业高层决定重新策划广告，改变形象。

要让目标消费者喜欢上这个品牌，必须先让他们接受品牌中蕴含的价值观。通过分析，创作者认为柒牌原有广告中的“心动”概念很有创意，于是决定以“心动”为切入点，但关键问题是让女人心动的男人到底是什么样的？男人最主流的价值观又是什么？

通过市场调研，他们发现，社会竞争日益激烈，很多家庭面临着失业下岗的困境，作为一家经济支柱的男人，感受到了前所未有的压力。很多人都面临着一种信心危机，面对周遭环境日渐严酷的变化，到底是奋斗崛起还是沉沦下去？

通过对现实环境的分析，创作者们从中领悟到：选择坚强、奋斗的男人才会让女人心动。而柒牌的标志——迎风飘扬的旗帜，正像是面对困难勇于接受挑战、迎风而立的男人形象。一个逆境中依然挺立，敢于挑战自我、超越自我的男人，是一个坚强的男人，是一个对自己够狠的男人！

于是柒牌的广告语诞生了：“生活就像一场战斗，谁都可能暂时失去勇气，当我们不能改变世界，我们只有改变自己，男人就应该对自己狠一点。”

这段情理并重、铿锵有力的励志话语以最快的速度出现在柒牌的电视广告、平面广告、户外广告等各类传播媒体上，使消费者产生深深的共鸣，甚至有许多消费者把它当成自己的座右铭。选择国际巨星李连杰作为形象代言人更将柒牌的品牌形象诠释得淋漓尽致。新的广告播出以后，柒牌的销售额从 2 亿元上升到了 10 亿元。

上例说明，没有调研就没有发言权，真正的策划来自市场。广告调研是广告活动的基础，是企业收集有关广告活动的信息的最佳方式，它为广告主广告决策提供了科学的依据。只有充分了解市场环境、消费者状况、竞争对手的状况，才能制订有效的广告传播计划，在激烈的竞争中百战不殆。

理论目标

1. 了解广告调研是整个广告活动的起点。
2. 了解广告调研的概念和作用。
3. 掌握广告调研的内容。
4. 掌握广告调研的程序和方法。

能力目标

1. 在实践中能选择适当的调研方法。
2. 能制订合理的调研计划。
3. 会设计一般的调研问卷。
4. 掌握撰写调研报告的技能。

任务一　广告调研概述

一、广告调研的概念

对于一则广告来说，创意非常重要，而好的广告创意都是在广告调研的基础上产生的。广告调研是广告活动的第一个步骤，它在广告活动中起着相当重要的作用，广告调研工作的执行情况直接影响到广告策划、广告创意甚至是广告的投放策略。广告活动要取得成功离不开广告调研。

广告调研是指广告公司或调研公司采用科学的方法，按照一定的程序和步骤，有计划、有目的、有组织、系统地收集、分析、归纳、整理有关产品或企业、市场以及受众等与广告活动相关的主体的信息的活动。实际上，广告调研可以对广告传播过程进行合理有效的控制，其结果的分析及建议可以为企业提供广告决策的依据。

二、广告调研的类型

按照调研活动发生的时间顺序，广告调研一般可以分为三种类型。

（一）广告创作前调研

即在广告策划与创意之前进行的调研，它是整个广告调研工作的基础。这类调研活动主要是针对目标受众收集与产品、竞争对手以及广告诉求对象相关的资料，目的是洞察消费者内心的需求，对产品或品牌进行定位，为广告创作策略提供必要的信息，确保广告投放之后能产生积极的效果，避免因广告决策失误而造成广告费用的浪费。

（二）广告创作中调研

即在广告创作过程中进行的调研活动，主要是对广告创意表现、广告文案等进行的测试。这类调研活动的目的是了解目标消费者对所创作的广告作品的真实感受、广告是否能为目标受众接受，只有目标受众认同并接受的广告作品才可能给广告主带来实际的经济利益。

（三）广告投放调研

即广告投放过程中展开的调研活动，企业把选定的广告作品投放市场以后，要及时跟踪广告的效果。这类调研主要是了解广告在目标消费者之间的传播率、消费者对广告的认知效果以及广告投放以后对产品销售的影响等信息，及时发现广告投放过程中可能会出现的一些问题，例如，概念是否要更换、诉求方式是否能准确传达广告主的真实意图、传播媒体组合是否能使传播效果最大化，以便于企业进行相应的调整。

三、广告调研与市场调研

（一）广告调研与市场调研的区别

市场调研是企业为了制定特定的市场营销决策而展开的调研活动，其内容主要包括对市场需求情况的调研、市场竞争状况调研、产品销售状况调研、宏观环境调研以及企业的营销组合调研等。

广告调研是对媒体特性、消费者接触媒体的习惯、媒体的传播率、产品或企业形象以及消费者的购买动机等与广告传播活动有关的要素进行的调研，其目的是为企业的广告决策提供依据。

（二）广告调研与市场调研的联系

一方面，广告是市场营销 4P 组合中的促销策略之一，企业的市场调研就包含了广告调研的相关内容。因此，广告调研是市场调研的一部分。

另一方面，广告调研和市场调研有相同的原则和调研方法。两者都要求有明确的主题，在调研过程中要遵循科学和客观的原则，调研人员始终要保持客观的态度，在设计调研方案，收集、整理、分析资料时都要采用科学的方法。

四、广告调研的作用

广告调研是对广告传播过程的合理有效的控制，它能为企业提供策略性的支持，就如同在广告传播中给广告方案买了一个“健康意外保险”。借助于广告调研活动，广告主可以及时掌握广告投放过程不同阶段的宣传效果，一旦发现问题便于及时调整。在日益激烈的市场竞争中，为使企业减少盲目广告投资、降低广告投资风险，广告调研的作用更显突出。具体来说，广告调研的作用主要包括以下几方面。

（一）明确广告的诉求对象

广告调研通过分析消费者的基本情况，可以使企业从众多消费者中明确自己的目标受众，然后根据目标受众的喜好以及接触媒体的习惯，在广告创作中选择恰当的诉求方式，在广告传播过程中选择恰当的媒体组合，做到有的放矢，避免泛传播造成的浪费现象。

小案例

“酷儿”广告

2002年，饮料巨头可口可乐公司推出的“酷儿”以其独特的目标市场策略一举成功，“酷儿”成为当年果汁饮料市场中的一颗闪亮的新星。

2002年元旦前后，在河南省几个主要城市，如郑州、洛阳等地的商场、超市、街边小店中，随处可见“酷儿”的形象，令人过目难忘：一只头大身小的蓝色娃娃，右手叉腰，左手端着盛满饮料的杯子，陶醉地说着“Qo……”这只可爱的娃娃迅速出现在铺天盖地的招贴上、电视广告中，在短时间内成了小朋友们的新宠。

2015年，酷儿品牌拓展至全国28个省市进行销售，配合升级产品及全新视觉体验，针对妈妈目标购买群体打造品牌。

（二）是广告创作灵感的源泉

广告不完全是艺术作品，它集商业功利性特点和艺术性为一体。广告创作必须为产品的销售服务。为了达到这个商业目的，必须调研竞争对手的广告诉求和创意表现，使广告作品形成差异化，吸引消费者的注意力；同时也要调研消费者的消费和购买心理，使创意表达艺术更具有感染力，增强广告说服力，最终让消费者产生购买行为。

（三）为广告决策提供充分的信息

广告调研主要是围绕广告目标系统地收集产品、竞争者和消费者的各种资料，例如，与竞争对手的产品相比，本企业产品的优劣势所在；目标受众的心理活动特征；不同传播媒体的传播特征；等等。调研人员通过对这些资料的分析可以为决策者提供信息，帮助他们发现并解决广告传播过程中的问题，从而制定较为科学的广告决策。

（四）是测定广告效果、评估广告活动的重要工具

对于广告主来说，广告投入必须要有回报。因此，企业在广告投放以后往往还要对广告效果进行测定、评价、衡量。调研人员借助于广告调研，可以收集到广告刊播以后的情况和相关数据，并进行分析，说明广告投放前后消费者的反应以及产品销量的变化，以便广告主做出相应决策。

一般来说，一则广告要对产品产生一定的贡献价值必须具备四个因素：创意好、投放频率及时机与消费者品牌记忆相关度高、信息覆盖面广并且重点深度覆盖目标消费群、消费者认知度高。而广告调研的作用就是准确把握广告创意诉求、传播载体和媒介环境的变化、产品销售情况的变化、消费者对广告的认知状况，让广告主和广告公司可以随时把握广告在传播前、中、后的传播效果，一旦发现问题及时调整广告策略。

任务二　调研的准备阶段

俗话说：良好的开端是成功的一半。正式实施调研活动之前的准备工作如果能做到周全、充分、详细，往往可以取得事半功倍的效果。企业应该非常重视这一阶段的工作。调研准备阶段的工作包括以下四个方面。

一、 确定调研目标和内容

在正式实施调研活动之前，先要明确本次调研的目标，即企业通过调研活动要解决哪些问题。目标的确定是广告调研的前提，决定了广告调研的方向、内容和方法。广告调研的目标和内容主要包括广告环境调研、产品调研、市场竞争情况调研、目标受众情况调

研、广告媒体调研、广告效果调研等六个方面。

（一）广告环境调研

任何企业都是生存于一定的环境之中的，企业的营销活动不可能脱离周围的环境而孤立地进行。企业要以其赖以生存的环境为依据，主动去适应环境。因此，企业在进行广告调研时，首先要对影响广告传播活动的环境进行研究分析。

广告环境调研一般要求调研人员系统地收集当地政治、经济、文化、地理等方面的信息。

1. 政治情况

政治情况主要包括国家的有关方针、政策以及一些地方性的政策法规。广告策划人员只有对这些内容有了全面、清晰的了解，才能确保企业的广告传播活动顺利开展。

2. 经济状况

经济状况主要包括就业、国民收入、物价水平、消费者的工资收入结构等方面。一个地方的经济状况直接影响着该地区消费者的消费能力、消费心理和消费行为等。

3. 文化环境

文化环境指的是当地消费者的受教育程度、文化水平、民族分布、宗教信仰、生活习俗、传统文化以及道德价值观等内容。这些因素都不同程度地影响着消费者的需求和消费方式。调研人员在进行广告调研时不能忽视文化因素产生的巨大影响力。

4. 地理气候特征

不同地区、不同地理条件和不同气候特征的消费者对产品的需求是不同的。例如，在我国大部分地区的夏天和冬天，空调都是需求量较大的产品，然而，在四季如春的昆明，普通消费者对空调的需求较少，通常是酒店、宾馆为了提供优质服务而使用空调。

（二）产品调研

广告传递的是关于产品的信息。为了能准确地确定诉求方式和诉求内容，在广告创作之前，调研人员必须对产品本身进行全面的市场调研，以确定广告的任务。产品调研主要从以下两方面着手。

1. 产品生产情况

主要了解产品的原材料来源、生产过程、制作技术以及工艺水平等方面的信息，便于把握产品的质量和特性，重点调研产品功能是否为消费者利益点，为广告策略的制定提供客观依据。

2. 产品生命周期阶段

产品进入市场以后就进入了不同的生命周期阶段，在不同的阶段，由于受市场诸多因素的影响，产品的销量和利润各不相同，企业的营销策略也会发生变化。通过对产品生命周期的调研，企业可以明确广告的目标，确定产品的定位以及广告诉求的重点。

（三）市场竞争情况调研

有道是“商场如战场”。企业要想在激烈的市场竞争中赢得胜利，就必须做到“知己知彼”。在对企业所处的环境以及产品本身特性进行周密的调研之后，企业还必须了解其竞争对手的状况，以明确自己在市场中所处的位置，对不同的竞争对手采取不同的策略，从而在市场竞争中取得优势地位。

对市场竞争情况的调研重点要了解以下内容：竞争对手的数量，识别出主要的竞争对手；竞争对手的产品质量、规格、价格、知名度和美誉度及所处的生命周期；竞争对手的广告策略，诸如广告诉求方式、广告费用的投入、采用的媒体组合等。此外，调研人员还要收集关于竞争对手的销售渠道、销售政策和促销策略的信息。

（四）目标受众情况调研

目标受众是商品的购买者，是广告信息的接受者，对目标受众的情况了解得越多越有利于广告策划与创意。目标受众的具体情况包括以下方面。

1. 目标受众的心理因素

广告作品要达到既定的传播效果，首先要在心理上引起目标受众的共鸣。心理因素指的是消费者对商品的需要心理、审美心理及消费者对色彩、图案和线条所产生的心理联想。调研人员收集的这些信息有助于确定广告作品的表现形式。

例如，消费者在消费食品时的需要心理特点为：营养丰富、新鲜可口、强身健体。广告作品为了刺激目标受众的消费欲望，强化食品保健的形象，在色彩的选择上适合采用暖色调。

此外，不同年龄、性别、地域、文化背景的消费者对同一事物所产生的心理联想是不同的。

2. 目标受众的个人信息

在了解了目标受众的心理因素之后，调研人员还应了解被调查者的个人信息，如性别、年龄、民族、宗教信仰、教育背景、职业、家庭结构以及收入状况等。了解这些信息有助于确定广告的目标受众。

? 小思考

为什么有些广告很俗，但广告中的产品却卖得很好？

3. 目标受众接触媒体的习惯

身份、年龄、文化层次、个性等不同的人口特性消费群接触媒体的习惯是不一样的，比如：年轻人对于网络接触得较多，而老年人则接触少。从某种意义上来说，企业的目标消费群就是企业广告所要传达的目标受众。当企业确定目标消费群体时，就要根据目标消费群的人口特性调研其接触媒体的习惯，这样企业制定的媒体组合才能将广告信息直达目标消费群。

（五）广告媒体调研

一则创意优秀的广告要准确传达给目标受众，必须借助广告信息的载体——媒体。广告公司在选择媒体之前势必要对媒体进行调研。广告媒体调研重点了解各类媒体的经营情况、经营方式、声誉、影响力、覆盖率、广告制作的技术要求、版面价格等信息，以便合理地运用媒体组合、正确地实施媒体策略、提高媒体的成本效益。

（六）广告效果调研

广告是广告主付出了代价的信息传播活动，广告主往往把广告活动看成是一种投资行为，期望通过广告传播取得一定的经济效益。在广告活动的全过程，包括事前、事中、事后都必须加强对广告效果的调研，即广告对目标受众所产生的影响，以便发现问题，及时调整广告传播策略。

二、拟订调研计划

广告调研是一项复杂而细致的工作，企业往往要花费大量的人力、财力、物力以及时间，而且调研的结论及建议要针对企业的实际问题给出。因此，在实施广告调研活动之前，必须要先制订详细而周密的计划，保证调研工作能有序、高效地进行。调研计划是整个调研活动的行动指南，其内容包括：调研的目的、调研内容、调研对象、调研方法、调研的时间进度表、调研人员的安排、调研活动所需的经费预算等。

三、培训调研人员

调研人员在调研过程中扮演着至关重要的角色，他们的知识水平以及对调研目标的理解都会对调研对象产生影响。调研人员的培训内容主要包括调研目标、所调研的产品专业知识以及调研方法和基本技巧等。

四、设计调研问卷

广告调研中最常使用的工具是调研问卷，调研工作质量的好坏、调研结果是否能为广告主解决实际问题，与调研过程中使用的问卷的设计水平有很大的关系。因此，在实施调研活动之前，调研问卷的设计是最为关键的一项活动。

（一）调研问卷的构成

一份正式的调研问卷应该包括以下五部分内容。

1. 编码

一般在问卷的左上角设置编码，这样做是为了方便问卷统计与回收。

2. 标题

标题一般标明本次调研的对象和调研内容，要求采用简练准确的词语，让人一目了然。例如，“某公司某种产品广告效果调研问卷”。

3. 前言

前言主要是问候被调研者，并介绍本次调研的主题、目的和意义以及调研问卷的说明，以消除被调研者的疑虑，激励其配合调研工作。

4. 正文

这是调研问卷的主要内容，由若干个不同形式的问题组成，由被调研者在调研人员的指导下按要求填写。

5. 附录

调研问卷的附录包括被调研者的个人信息、致谢以及填写调研问卷的日期。

（二）调研问卷的设计

1. 问题的设计形式

调研问卷中提问的方式通常有封闭式和开放式两种。

（1）封闭式问题。

封闭式问题是指调研人员事先已经对问题设计好了各种可能的答案，被调研者只能从中选取一个或多个答案。这类问题答案标准化，便于回答，易于统计分析。但是被调研者只能在规定的范围内回答，容易遗漏其他一些可能的情况。

1）两项选择。提出一个问题，仅有两个答案可供选择，被调研者只能从中选择一个。

例如，请问您看过润妍洗发水的《龙篇》广告吗？

A. 看过　　　　B. 没看过

2）多项选择。对所提出的问题提供两个以上的选项，被调研者可以从中任选一项（单选）或多项（多选）答案。

例如，请问下列产品的广告，您最喜欢看的是哪一则？（单选）

A. 耐克《巴西队篇》　　B. 百事可乐《少林篇》　　C. 可口可乐《私自聚会篇》

D. 绿箭口香糖《雨篇》　　E. 伊莱克斯《跳楼篇》

您为什么喜欢看那则广告？（多选）

A. 喜欢其中的明星　　B. 画面美　　C. 音乐好听

D. 很有创意　　E. 喜欢该品牌

3）排序。列出若干个选项，然后由被调研者按照一定的顺序进行排列，如按照喜欢的程度、重要的程度排列。

例如，请将下列化妆品品牌按您喜欢的程度依次排序。

A. 欧莱雅　　B. 羽西　　C. 兰蔻

D. 玉兰油　　E. 资生堂

（2）开放式问题。

开放式问题属于主观题，所提出的问题没有备选答案，由被调研者自由回答。这类问题能够得到更真实的答案，可以探测到被调研者内心真实的想法，但调研结果统计工作量大、难以定量分析。

1）自由回答。这类问题没有预选答案，被调研者可以不受任何限制自由回答问题。

例如，请说出您印象最深刻的一则广告。

2）语句完成。问卷提供一个不完整的句子，由被调研者填写该句子的另一部分。

例如，当您一看到肯德基的广告时，____________________。

3）联想法。调研人员在问卷中列出一些词语或者图片，由被调研者写出他所立即想到的内容。

例如，当您看到这些词语时，您马上会想到什么？

月亮（　　）　　洗涤液（　　）　　美的（　　）

当您看到这些照片时，您立刻会联想到什么？

李连杰（照片）（　　）　　兰花（照片）（　　）　　大海（照片）（　　）

小案例

关于立邦漆涂料广告效果的调研问卷

尊敬的女士/先生：

你好！耽误您几分钟，我们是×××，正在做关于立邦漆涂料广告的市场调研。此次问卷不涉及任何商业利益，我们会为您的所有作答保密。希望您配合我们完成此次调查。谢谢您的合作！

一、立邦漆涂料广告效果情况

1. 请问您以前是否看过这则广告？（　　）（填B者跳到第11题）

A. 是　　B. 否

2. 请问您是通过什么渠道看到这则广告的？（　　）

A. 广播　B. 电视　C. 报纸　D. 杂志　E. 户外广告

F. 互联网　G. 朋友介绍　H. 装饰公司　I. 其他（请注明）

3. 您看这则广告的频率是多少？（　　）

A. 基本上天天看　B. 每周 3～4 次　C. 每周 1～2 次

D. 偶尔看　E. 看过一次

4. 请问您知道这则广告卖的是什么产品吗？（　　）

A. 知道（请注明）　B. 不知道

5. 这是立邦漆涂料的一则广告，您对这则广告的阅读情况是（　　）。

A. 全面阅读过

B. 看过图片、标题，未读广告的细节

C. 读了细节的一部分

D. 其他（看过广告，但是说不清看过哪部分）

6. 请问您认为这则广告的广告语“立邦登了堂，年年住新房”怎么样？（　　）

A. 很好　B. 较好　C. 一般　D. 较差　E. 很差

7. 请问您认为这则广告的画面设计安排怎么样？（　　）

A. 很好　B. 较好　C. 一般　D. 较差　E. 很差

8. 请问您认为这则广告的文案表达怎么样？（　　）

A. 很好　B. 较好　C. 一般　D. 较差　E. 很差

9. 请问您认为这则广告在哪个媒介上表现得比较好？（　　）（可多选）

A. 广播　B. 电视　C. 报纸　D. 杂志　E. 互联网

F. 户外广告

10 看过这则广告后，您觉得它能否引起您继续了解该产品的兴趣？（　　）

A. 能　B. 不能　C. 无所谓

11. 请问您还接触过其他哪些涂料品牌的广告？（　　）（可多选）

A. 杜邦　B. PPG　C. 富邦　D. 邦尼　E. 日野

F. 其他（请注明）

12. 请问您通常相信下列哪个媒介所载的广告？（　　）（可多选）

A. 广播　B. 电视　C. 报纸　D. 杂志　E. 互联网

F. 户外广告　G. 其他（请注明）

13. 请问您以前买过立邦漆涂料吗？（　　）（填 B 者跳到第 17 题）

A. 买过　B. 没买过

14. 请问您所买的立邦漆涂料是做什么用的？（　　）

A. 自家装饰　B. 单位装饰　C. 其他（请注明）

15. 请问您为什么选择购买立邦漆涂料？（　　）（可多选）

A. 广告促使　B. 品牌形象吸引　C. 安全可靠　D. 价格公道合理

E. 售后服务好　F. 亲戚朋友介绍　G. 随意购买　H. 其他（请注明）

16. 请问您对立邦漆涂料的评价如何？（　　）

A. 很好　B. 较好　C. 一般　D. 较差　E. 很差

17. 看过这则广告后，您对立邦漆涂料的印象会发生变化吗？（　　）

A. 印象变好　B. 没有改变　C. 印象变坏

18. 请问您购买涂料时最看重的是什么？（　　）

A. 品牌　B. 质量　C. 价格　D. 售后服务

E. 其他（请注明）

19. 您对立邦漆广告的意见和建议：____________________

二、被调查者基本情况

1. 您的性别：（　　）。

A. 男　B. 女

2. 您的年龄：（　　）。

A. 18 岁以下　B. 18～30 岁　C. 30～45 岁　D. 45～60 岁

E. 60 岁以上

3. 您的学历：（　　）。

A. 硕士或以上　B. 本科或大专　C. 高中　D. 职业学校

E. 初中　F. 小学　G. 其他（请注明）

4. 您的职业：（　　）。

A. 机关及事业单位工作人员　B. 企业高级主管　C. 技术人员　D. 企业职工

E. 私营业主　F. 待业　G. 其他

5. 您的收入水平：（　　）.

A. 6 000 元以下　B. 6000～10 000 元

C. 10 000～15 000 元　D. 15 000～20 000 元

E. 20 000 元以上

调研日期：

调研员：

2. 问卷设计要注意的问题

要设计出有效的问卷，还要注意以下一些细节：

（1）主题要明确。调研问卷要根据调研目的确定主题，要从实际出发。

（2）结构要合理。问题的排列要有一定的逻辑顺序关系，结构要严谨，内容相关的问题应该紧密相连。

（3）措辞恰当、通俗易懂。问题多用浅显的词语，不要用太过专业化的词语，不要用难以定量的词语。所提的问题不要难以判断，不要直接询问让人尴尬的问题，不要提没有意义的问题。要注意问题与答案的一致性。所提的问题应该是近期的，不要太久远。

（4）问卷长度要适中。所提的问题不要过于繁杂，被调研者填写问卷的时间不要太长，一般控制在 30 分钟以内。

（5）设计的问题要中立。不要用意思不明确的句子，或者是暗示被调研者答案的句子，不要用断定性的提问误导消费者。

（6）问卷设计完后要选择少数被调研者进行预演，为问卷的调整完善提供依据。

任务三　调研的实施阶段

所有的准备工作都完成之后，就开始实施调研活动。这一阶段的工作就是按照调研计划的要求收集相应的资料和数据，它是整个调研活动中最关键的一步，调研人员要确保所收集的资料和数据的真实性。调研的实施实际上是调研方法的实施，调研方法根据资料的来源可以分为案头调研法和实地调研法两类。这两种方法分别对应着两个连续的过程：第一步，收集并分析二手资料；第二步，收集并分析一手资料。

一、收集并分析二手资料

二手资料收集是一种间接调研方法，被称为案头调研法。它是了解企业、行业背景信息的快速有效而又经济实惠的办法，在充分分析二手资料之前，一手资料的收集工作不宜展开，否则很可能徒劳并最终导致调研工作无效。

二手资料可以分成内部数据和外部数据。内部数据是指来自企业内部的自有的数据。外部数据主要有：出版物类，如商业年鉴、民间组织或协会的统计数据、政府部门的统计数据、报纸、杂志等；计算机数据库，如在线网络查询、国家或地方统计局的数据库、各大型零售商的进出仓货物数据库等；向专业提供商业数据的公司购买的数据。

二、收集并分析一手资料

综合运用各种调研方法和技巧收集关于市场和消费者的一手资料，该方法称为实地调研法。它是一种直接调研方法，由调研人员直接作用于被调研对象收集未经加工处理的原始资料。它主要包括观察法、访问法以及实验法三类。

（一）观察法

观察法是指调研人员直接观察或借助于仪器观察被调研者的行为，并记录其行为作为第一手资料的方法。利用这种方法进行调研，调研人员与被调研者之间没有直接接触，被调研者的行为不受外界因素的影响。例如，通过长时间观察某一群体的生活习惯，调研人员可以了解到该群体接触广告的习惯，为某一媒体广告到达率的数据形成提供依据。

这种方法的优点是简单、灵活、易操作，所收集的资料比较客观、真实。其缺点在于只能观察到被调研者的表面行为，无法获取其内心的变化因素，需要的时间较长，费用支出较大，只能适用于小范围的调研。

（二）访问法

访问法是指通过询问的方式向被调研者收集资料的方法。这是广告调研中最常用的方法，调研人员可以把所要解答的问题直接向被调研者提出，也可以把所需收集的资料事先设计成问卷，通过问卷向被调研者提问。采用这种调研方法，可以了解到被调研者的消费需求、消费心理以及消费习惯等信息。在实际调研活动中，按照调研人员与被调研人员的接触方式的不同，访问法可以分为面谈访问法、电话访问法、邮寄访问法、留置调研问卷法、网络调研法五种形式。

1. 面谈访问法

面谈访问法是指调研人员通过面对面地询问、观察被调研人员以获取信息资料的方法。它通常采用个人面谈、小组面谈和集体面谈等形式。这类方法的优点是方便、灵活，调研问卷的回收率高，调研人员能较好地控制调研过程，有利于沟通，能获得较多的真实资料；缺点是成本较高，耗时，调研范围有限，被拒访的概率较高，被调研者很容易受调研人员的影响。

! 提示

小组面谈和集体面谈法一般适用于耐用消费品的调研（如汽车用户对某品牌汽车性能评价的调研）和对经销商的调研。

? 小思考

在面对陌生人时，人们普遍会产生一种抗拒的心理，调研人员该怎么办？

【注意】

在问卷调查时，为了防止被调研者敷衍，一般是调研人员问，被调研者回答后，由调研人员填写问卷。

2. 电话访问法

电话访问法是指通过电话向被调研者询问有关问题以获取信息资料的一种方法。随着固定电话用户数的不断增加和手机的不断普及，广告调研活动利用电话收集有关资料已变得越来越普遍了。电话访问的优点是获取信息资料的速度比较快，调研费用较低，调研范围较广，被调研者可以在没有任何心理压力的情况下自由回答问题，整个调研活动完全由调研人员控制。其缺点是访问时间不能太长，否则容易引起消费者反感；调研问题不能太复杂，数量不能太多，因此一些较深入的问题无法得到答案；由于不在现场，因此一些图片、表格以及调研说明等无法展示。

【注意】

手机访问一般采取手机短信的方式，而不是直接打被调研者手机电话进行语音访问，被调研者答完手机短信问题即获赠话费。

? 小思考

电话访问是否要讲究礼仪？电话访问的礼仪应该是怎样的？

3. 邮寄访问法

这种方法是指利用邮寄的方式将设计好的调研问卷寄给预先选定的被调研者，要求被调研者按要求填写好调研问卷后再寄回给广告主。这种方法的优点是调研成本低，只需花费调研问卷的印刷费和邮寄费；调研范围广，只要是邮政能送达的地方都可以利用这种方式进行调研；被调研者有充分的时间填写调研问卷，因而可以确保调研资料和数据的真实性。其缺点在于调研问卷的回收率低，许多人填写完调研问卷以后，往往会因为懒于去邮局而将填写好的调研问卷搁置了；耗时，信息反馈时间长，影响资料的时效性；由于没有调研人员在场，缺乏调研人员的指导，有些被调研者在回答问题时容易因为曲解题意而出现偏差。

4. 留置调研问卷法

留置调研问卷法是指事先将设计好的调研问卷当面交给被调研者，并说明调研目的和要求，请被调研者自行填写，然后再由调研人员定期收回的一种获取信息资料的方法。它弥补了面谈法中因当面提问，被调研者思考时间短暂而造成的考虑不成熟的缺点，也弥补了邮寄访问中调研问卷回收率低的不足。这种方法的缺点是调研范围受限制，调研费用相对较高。

5. 网络调研法

随着互联网的不断普及，网络也成为获取调研资料的一种途径。广告主可以把事先设计好的问卷放在目标受众经常访问的网站。利用这种方式收集调研资料的优势在于费用低，可以省去大量的电话费和邮资，覆盖范围广，而且时效性强，并且方便统计。但是这种方法不能像面谈法那样取得被调研者的合作，无法了解被调研者内心活动的变化。

（三）实验法

实验法是寻求事物前因后果的一种方法。它将调研对象随机地分成两个组：实验组和控制组。一方面，改变实验组的控制变量，包括价格、包装、广告、产品的陈列方式以及促销活动等；另一方面，保持控制组的这些变量不变，然后观测两个组在实验前后产品销量的变化，判断出这些控制变量对产品销售的影响程度，为广告决策提供必要的依据。

这种方法的优点在于比较科学，可以获得可观、具体的资料和数据，能直接、真实地反映实际情况。其缺点在于实验所耗的时间较长，费用相对较高，此外，在实验过程中可能会产生一些突发因素使得结果难以控制。

在实施调研活动的过程中，调研人员可以结合实际调研项目与产品本身的特征，采用上述方法中的一种或者多种组合，使每一种调研方法充分发挥其协同增效的优势，从而使调研结果更加真实详细，对广告决策的贡献达到最大化。

三、 调研资料的整理和分析

在按照调研计划的安排执行完调研工作以后，首先要对收集的资料进行整理。资料的整理主要分为编码和分类两个环节。

编码，即首先把所有的资料按照一定的逻辑顺序进行编号，然后根据实际需要对所收集的零碎、杂乱、分散的资料加以校对、核实，剔除其中不合实际的或无效的数据、资料，以确保资料的准确、客观。

分类，即把经过筛选的资料、数据按照质量因素、品牌因素、价格因素、竞争者情况、消费者情况以及市场环境等指标分门别类，并编制成适当的表格。

广告调研的目的就是通过分析调研取得的资料和数据，去发现广告活动中各种因素的相互关系及变化趋势，并解决广告传播过程中出现的一些相关问题。调研人员可以运用百分比法、指数法、因素分析法、回归分析法等统计方法对调研资料进行分析，然后制成相应的图表，供调研小组集体讨论分析。

四、撰写调研报告

广告调研过程的最后一个程序就是撰写调研报告。调研报告是调研工作的成果总结，是企业制定广告决策的重要信息来源。调研报告要求内容简明扼要，语言力求简洁、有说服力、通俗易懂，不能太专业化，结构要严谨。

调研报告一般要具备以下几方面的内容：

（1）题目。即标题。

（2）前言。内容包括广告主的简介、调研背景、调研的重点以及要解决的相关问题。

（3）正文。这是调研报告的核心部分，其中包括调研活动中取得的详细资料、数据、关键的图表、调研对象以及所采用的调研方法等。

（4）结论。对调研目的和问题提供的建议和参考解决方案。

（5）附录。包括调研过程中二手资料的来源、调研问卷等内容。

小案例

日化用品广告效果调查报告（正文部分）

一、消费者对行业广告的总体评价

调查结果显示，143人（占55%）认为目前行业广告可信度一般，而认为行业广告不太真实的比例（26.9%）比认为行业广告较真实（13.4%）的比例高出13.5个百分点，这说明目前行业广告的可信度还有待进一步提高。

二、消费者反感某行业广告的理由

请消费者回忆一则自己比较反感的广告，选出自己讨厌此广告的理由，结果显示，广告内容低俗是让消费者最难以忍受的因素，260人中172人选中此项，占66.2%的比例。此外，机械说教、牵强做作也是让消费者生厌的重要原因。平庸的广告表现形式、过分夸张的内容虽然也容易引起消费者的厌恶，但其对消费者情绪的消极影响远不如内容低俗、机械说教、牵强做作等因素。所以，行业广告要想方设法地吸引消费者的眼球，让消费者记忆犹新，大可走“流芳百世”的高雅之路，千万不能走“遗臭万年”的低俗之路，否则只能给消费者留下深刻的负面印象，产品也被打上高知名度、低美誉度的烙印。

三、日化用品广告印象

日化用品行业所列出的十个品牌广告中，消费者印象最深刻的前三个品牌广告依次是雕牌（153人选中，占58.8%）、海飞丝（143人选中，占55%）、大宝（135人选中，占51.9%)。众所周知，情感诉求向来是雕牌广告的主旋律，此次调查结果表明，以情感诉求为主的雕牌广告给消费者留下了深刻的印象，其品牌的渗透力和影响力最强。由此表明，富有情感色彩或人情味的广告更有感染力，更会被人们欢迎和接受。在我国这个有着几千年民族传统文化积淀的社会中，消费者的个性特征普遍表现为重感情、注重家庭温馨和谐，亲朋好友之间都讲究一个“情”字，这样的历史文化背景深深地影响着消费者对广告的评价和选择。消费群体逐渐从理性消费进入感性消费时代，情感日益成为影响消费者购买行为的重要因素。在现代广告促销中，通过极富人情味的广告诉求方式，努力营造调动情感的氛围，就必然能打动人、感染人，缩短品牌与消费者的心灵距离。

调查结果显示，有26%的被调查者表示某日化类广告是因为极有人情味而与之产生了情感共鸣，所以对其印象深刻。日化类广告中，优美的画面也是吸引消费者的另一个重要因素。然而只有9%的消费者表示，是因为名人代言某日化类广告，所以印象才深刻。由此可见，社会名流“一稿多投”的广告现象使得消费者对名人广告的喜爱度、信任度大打折扣，名人广告的晕轮效应越来越小。

四、行业广告对消费者行为的影响

广告不仅刺激消费者的购买欲望，还对消费者的其他行为产生着潜移默化的影响。

广告对消费者最重要、最直接的影响是使其产生购买欲望（154人选中，占59.2%)。其次的影响是培养消费者的品牌意识，让消费者认牌消费，58.9%的被调查者认可了广告的这一影响力。可见绝大部分消费者已具有品牌消费意识，因此，对品牌无形资产的积累应该受到众商家的足够重视，同时要增强品牌的个性识别力，深入挖掘并丰富品牌文化内涵。

调查结果所示，消费者在实际购买商品时，首先考虑的因素是产品质量（205人选中，占78.8%）和价格（201人选中，占77.3%)，其次是产品的知名度（117人选中，占45%)。所以，产品性价比的高低是决定消费者是否采取购买行动的最重要因素，这也告诉商家们产品的质量始终是营销制胜的第一法宝，没有产品实力做保证的夸张广告如同昙花一现，只能让商家获得短暂的利益。而购买过程中消费者对产品知名度的高度重视也说明现代消费已基本进入品牌消费时代，营销界的洗牌将继续淘汰各类不知名企业，所以增强品牌识别力、重视无形资产的培养、重点打造知名品牌已成为各大企业的当务之急。

项目小结

● 广告调研是指广告公司或调研公司采用科学的方法，按照一定的程序和步骤，有计划、有目的、有组织、系统地收集、分析、归纳、整理有关产品或企业、市场以及受众等与广告活动相关的主体的信息的活动。按照调研活动发生的时间顺序，广告调研一般可以分为广告创作前调研、广告创作中调研、广告投放调研三种类型。

● 广告调研不同于市场调研，两者既有区别又有联系。市场调研是企业为了制定特定的市场营销决策而展开的调研活动，广告调研的目的是为企业的广告决策提供依据。广告调研是市场调研的一部分。两者有相同的原则和调研方法。

● 广告调研的作用表现为：明确广告的诉求对象，是广告创作灵感的源泉，为广告决策提供充分的信息，是测定广告效果、评估广告活动的重要工具。

● 广告调研的内容主要包括广告环境调研、产品调研、市场竞争情况调研、目标受众情况调研、广告媒体调研、广告效果调研等六个方面。

● 一份正式的调研问卷应该包括编码、标题、前言、正文和附录五部分内容。调研问卷中提问的方式通常有封闭式和开放式两种。要设计出有效的问卷还要注意：主题要明确，结构要合理，措辞恰当、通俗易懂，问卷长度要适中，设计的问题要中立，不要用断定性的提问误导消费者。

● 广告调研的方法根据资料的来源可以分为案头调研法和实地调研法两类。案头调研法主要是用于收集二手资料的一种间接调研方法。实地调研法是一种直接调研方法，由调研人员直接作用于被调研对象收集未经加工处理的原始资料，它主要包括观察法、访问法以及实验法三类。

● 调研报告要求内容简明扼要，语言力求简洁、有说服力、通俗易懂，不能太专业化，结构要严谨。调研报告一般要具备题目、前言、正文、结论和附录等内容。

案例分析

天府之国　雪花飘扬

——雪花啤酒成都上市记

华润雪花啤酒（中国）有限公司成立于1994年，是香港华润集团在国内投资的大型啤酒集团，总部设在北京。自上市以来，雪花啤酒以清新、淡爽的口感，积极、进取、挑战的品牌个性深受全国广大啤酒爱好者喜爱，成为全国性啤酒品牌。

1997 年 10 月，华润集团收购了绵阳亚太啤酒厂，正式杀入四川。新品上市，调研先行。雪花啤酒的调查表上只有五个问题：

1. 你平时喜欢“摆龙门阵”吗?

2. 你最喜欢在哪些地方和朋友一起吃饭?

3. 你一个月和朋友在一起吃几次饭?

4. 你喜欢看报纸的哪个版面? 喜欢看电视的哪个节目?

5. 你喜欢喝茶吗? 一个月喝几次茶?

只用六天时间，调研人员就完成了 3 000 个样本调研。通过调研，掌握了以下市场情况：

1. 成都人最大的爱好就是在一起“摆龙门阵”，即在一起拉家常。由此看来，雪花啤酒要想一炮成功，得从消费者的这个喜好去寻找市场结合点。

2. 成都人不论男女老少，只要和朋友在一起，最喜欢吃的东西是串串香，便宜、方便、快捷，当然一定是要喝几杯的。

3. 成都人一个月最少有三四次朋友聚会，聚会中 23%的人选择到室外的串串香摊位上去吃，视野开阔，会感到饮食带来的另一种舒适感，从中可以找到创意点。

4. 成都人喜欢看报纸，在公交车站、路上、店门口到处可以看到有人在看报纸。成都人最喜欢看的是地域政治和与百姓利益有关的调查报道。因此，营销专家认为报纸可能是雪花啤酒成都上市最好的爆发点。另外，成都人喜欢看成都电视台的《黄金八点钟》，相当于央视的《焦点访谈》，但收视率远远高于《焦点访谈》。这档节目只有开始时一分半钟和结束时一分半钟的广告位，观众中途不会被打断。因此，在这里做广告的效果可能会更好一些。

5. 喝茶是成都人的休闲习惯，25%～45%的人一个月喝茶五次之多，喝茶时谈话的主题中有 23%是商务内容，而其他主题有几十种。从这里可以发掘出成都人习惯的可用信息。

啤酒的地域性消费比较明显，因此，新品啤酒刚上市必须一鼓作气，否则难以突破。综合考虑五个问题的调研结果之后，雪花啤酒启动了上市广告行动。

1997 年 12 月 28 日早，成都的《华西都市报》《成都商报》《成都晚报》《蜀报》《商务早报》同时出现一个整版广告，上面只有两行字：“据有关人士透露，12 月 31 日成都的上空将有‘雪花’。”这一广告引起了很大的反响，大家都觉得奇怪，成都三年不下雪，今年一到元旦就下雪，这可是好兆头呀，开始奔走相告，特别是年轻人更是觉得好玩。

第二天，即 29 日，《华西都市报》《成都商报》上又一个整版，还是这样一个广告，但字换了一下：“还有两天成都的上空将有‘雪花’。”有人给报社打电话询问情况；有人准备了照相机等着拍雪景，大家都在期待这一天的到来。

第三天，30日，还是《华西都市报》《成都商报》又一个整版："明天，成都上空将有'雪花'。"人们认为这次真的会有"雪花"，要不然为什么报纸上这几天都没停过，大家见面就说"雪花"的事儿，茶馆里更是故事连篇。大家都在对"雪花"的想象中度过每一天。

第四天，也就是31日，《华西都市报》《成都商报》《成都晚报》《蜀报》《商务早报》报纸上又一次出现整版广告，上面只有四个大字："雪花来了"，这几个字的下面有两瓶放大的雪花啤酒，下面就是咨询电话。成都人终于明白了："哈哈，原来是啤酒呀，还以为真的要下雪花呢！"

在成都市中心，著名的蜀都大道两旁的树杈上，挂满了各式各样的雪花形状的小玩意儿，许多人觉得稀奇，从树上取下来看，上面有雪花啤酒的图案，还有一句话："雪花啤酒祝你元旦快乐"。在天府广场，有六个点发放这种"雪花"，经过的人都可以拿到大大的雪花模型。雪花模型最大的特点是只要用手一拉，就可以变出好几种雪花形状，消费者在这种惊喜中自然强化了对雪花啤酒的记忆。

这种方法令许多成都人大加赞赏，在成都产生了空前的效应。晚上，串串香店里促销人员身穿带有雪花啤酒标志的服装，开始进行一元钱啤酒品尝活动。《黄金八点钟》节目中出现了特地为成都人制作的广告片：一棵古老的大树上面吊着许多雪花啤酒空瓶，在微风中碰撞出悦耳的声音，树下一桌子美味佳肴，中间的火锅在冒着热气，一个中年男人抱着很多瓶雪花啤酒开心地喊着"雪花来了，雪花来了"。

这种十足的成都味，立即拉近了雪花啤酒与成都市民的距离。不到一个月，雪花啤酒在成都的市场份额就占到了12.4%，形成了一种爆发力特别强的啤酒消费风暴。

请问：

1. 你如何评价雪花啤酒的市场调研问卷？

2. 雪花啤酒在成都获得成功的关键因素有哪些？

基本训练

1. 训练类型

(1) 模拟项目导入：教师可以模拟一个项目让学生进行实践。在本地，对某品牌的手机广告进行调研，然后提交调研报告。

(2) 真实项目导入：参与某广告公司在某次广告策划过程中进行的调研活动，然后将调研报告提交给广告公司。

2. 训练说明

将全班同学按每组 5 人分成若干小组，每组选一个组长负责全组工作，安排落实每位组员的职责，制订好调研计划。每个小组自行设计调研问卷，交给指导教师修改，根据指导教师的修改意见进一步完善调研问卷。按调研计划开始实施调研活动。活动结束后，每个小组都要以调研报告的形式对本次活动进行总结，然后把调研报告交由指导教师点评。教师将点评过的调研报告发给学生，每个小组根据教师的意见进一步完善调研报告，然后交给指导教师存档。

3. 广告调研实训成果表

<table>
<tr><td colspan="2">项目名称</td><td colspan="4">广告调研实训</td></tr>
<tr><td colspan="2">实训类型</td><td colspan="2">模拟项目/真实项目</td><td>实训地点</td><td colspan="2">多媒体实训室/广告公司</td></tr>
<tr><td>姓名</td><td></td><td>实训内容</td><td></td><td>指导教师</td><td></td></tr>
<tr><td colspan="4">评价内容</td><td>成绩评定标准</td><td>成绩</td></tr>
<tr><td colspan="4">小组提交广告调研成果，调研报告成绩占 30%，调研计划和调研问卷各占 20%</td><td>1. 所提交成果包含调研计划、调研报告、调研问卷
2. 调研报告结构严谨，逻辑性强，内容详略得当，简明扼要，重点突出，结论、建议可行</td><td></td></tr>
<tr><td colspan="4">每位小组成员提交一份个人的实训总结，个人的实训总结占总成绩的 30%</td><td>1. 实训总结主要针对本次活动的感想、收获，还包括活动中出现的问题及其解决方式
2. 字数不得少于 1 000 字</td><td></td></tr>
<tr><td colspan="5">总成绩</td><td></td></tr>
</table>

【注意】

（1）以上所有作业一律使用 A4 纸，手写、打印都可以。如打印，标题用三号字、正文用小四号字，在每页的页脚中心位置标明页码。

（2）所有作业都必须制作封面并装订成册。

项目五 广告策略

引子：

广告策略让宝洁品牌之树长青

在广告策略指导一切广告活动的今天，宝洁的策略给我们提供了很好的借鉴。

一、定位策略

产品定位策略的决策是一个关键性、核心性的环节，产品定位是否合理，直接关系到广告活动最终的效果，而产品定位的内容，则决定着广告的诉求重点。

“独特的销售主张”（USP）理论是罗瑟·瑞夫斯在1961年正式提出的，从产品出发的USP理论强调产品具体的特殊功效和利益，所提主张是竞争者无法提出的，具有强劲销售力。从产品本身出发发展出功能性的“诉求点”，将其作为与消费者的连接点，使消费者实实在在地感觉到产品的利益。作为USP策略追随者的宝洁，长期且有效地坚持贯彻着这个策略。飘柔的“洗发、护发二合一”，海飞丝的“去头屑”，潘婷的“头发护养专家”，沙宣的“专业美发用品”，舒肤佳的“杀菌及长时间抑制细菌再生”，碧浪的“强力去污”，它们都对消费者承诺了一个重要的利益点，同时获得了消费者的认可。

USP理论为什么能在宝洁成功呢？首先这与宝洁的品牌定位是分不开的，宝洁定位于“高品质、高价格”，给人值得信赖的感觉；其次和宝洁的产品有关，对于日用洗洁品，消费者最关心的是产品的效果，采用USP策略，给消费者一个实实在在的利益承诺，正切合了消费者这一心理。

二、诉求策略

宝洁公司的产品广告有着明确的、一致的诉求对象、诉求重点和诉求方法。

宝洁的商品类型决定了宝洁的产品广告以普通家庭妇女为诉求对象。由于其主要商品为大众家庭用品，家庭中具有这些产品购买权的主要为妇女，故其广告主要针对家庭妇女进行诉求。广告模特也一般使用普通家庭妇女，较少使用明星。宝洁觉得大众家庭用品的广告应追求贴近消费者，应运用消费者熟悉的情景和语言与消费者直接交流。

宝洁广告中总有一个向消费者承诺的重要的利益点，即一个USP，整个广告就紧紧围绕着这个USP展开。这个USP往往是从产品功能出发的，强调某产品的特殊功效。如舒肤佳香皂主要强调其“杀菌和长时间抑制细菌再生”，而其广告模特就以家庭妇女形象出现，提出细菌危害家人健康，而舒肤佳香皂则可以杀菌和抑制细菌再生，所以舒肤佳才是最佳的选择。宝洁的广告一般体现为“问题-解决”式。

宝洁的诉求方法偏重于理性诉求。理性诉求指的是广告定位于受众的理智动机，使受众通过推理等思维过程，理智地做出决定。宝洁的广告正是通过这种方式告诉消费者如果购买宝洁产品会获得什么样的利益，以达到劝说消费者购买的目的。

三、表现策略

广告多运用示范式，让消费者现身说法。广告一般采用现身说法的形式，让经常使用该产品的人，一般为家庭妇女，来直截了当地用平实的语言向消费者进行诉求，向消费者提供一个或多个利益点，来直接阐述商品的特点，用产品的特殊功能来打动消费者。

四、媒介策略

主要采用电视广告，打开电视，几乎每天都可以看见宝洁公司商品的广告片。虽然宝洁公司在报纸、杂志等主要媒体都投入广告费，但鉴于其主要生产大宗低利的家庭用品，同时电视媒介的可视性也更能充分展示宝洁产品的功能，因此它把大部分广告费投放在了电视这一最大众化的媒体上。它的这一媒体策略在中国也十分奏效。

五、投放策略

在常年做广告的同时配合不同的促销方式，综合运用各种促销策略。宝洁的广告是常年无间断进行的，几乎每天我们都可以在电视上看到宝洁的产品在进行宣传。这与其他品牌不同，如联合利华。其他品牌一般使用跳跃式的广告或是在产品市场导入期及销售旺季到来之前进行广告宣传。宝洁的无间断广告策略和其产品有关系。日用洗洁品是普通家庭日常使用的消耗品，属于消费者经常购买的商品，如香皂、洗衣粉、洗发水等，消费者几乎每隔一段时间就要采购一次。常年的广告宣传有助于消费者认知宝洁的品牌，也会引起消费者购买的欲望，加之产品的较高品质使消费者对产品产生认同感，逐渐使消费者成为宝洁的固定消费群，使宝洁的市场占有率进一步提升。

资料来源：中国营销传播网。

上例说明，广告策略在广告中直接引导广告定位、诉求点的确定、创意表现、媒体组合和广告投放，从而直接影响广告的整体效果。

理论目标

1. 理解广告目标、广告策略的概念。
2. 了解国外二种比较有影响的制定广告目标的方法。
3. 掌握广告目标的内容和制定要求。

4. 掌握广告目标制定的方法。

5. 了解广告策略的作用。

6. 掌握广告产品策略、广告市场策略、广告媒介策略、广告实施策略的原理。

能力目标

1. 能根据企业和市场情况，依据流程制定符合要求的广告目标。

2. 能灵活运用制定广告策略的原则制定广告策略。

3. 能灵活运用广告产品策略、广告市场策略、广告媒介策略、广告实施策略制定广告整体策略。

任务一　广告目标

一、广告目标的含义

广告活动在广告策略的引导下才能达到广告目标，那么什么是广告目标呢?

广告目标是指所有的广告活动最终指向的结果。它的宗旨是为企业传播品牌信息，使企业销售上升。它只对品牌资产（上升还是下降）负责，而不对具体的销售量负责。

? 小思考

某广告主对广告公司的经理说："我出三千万元广告费请你们策划广告，你能保证广告做了以后，明年能得到三个亿的销售额吗?"如果你是这位广告公司的经理，你会如何回答这个问题?

企业目标是在分析企业外部环境和内部条件的基础上确定的企业各项经济活动的发展方向和奋斗目标，是企业经营思想的具体化。它是由许多的分目标组成的目标体系，包括经济目标、政治目标、文化目标。其中，经济目标包括实现利润目标，它是以营销目标的实现作为保障的。可见，营销目标是企业目标的一部分。

营销目标是指企业为了实现利润的最大化而做的一系列营销活动的最终结果。它是由许多系列目标组成的目标体系，包括市场目标、产品目标、价格目标、渠道目标和广告目标等。广告是营销工作的组成部分，广告目标必须服从于营销目标，它与企业其他的营销目标相配合形成合力，共同完成企业的营销目标。

企业目标、营销目标、广告目标之间的关系如图5-1所示。

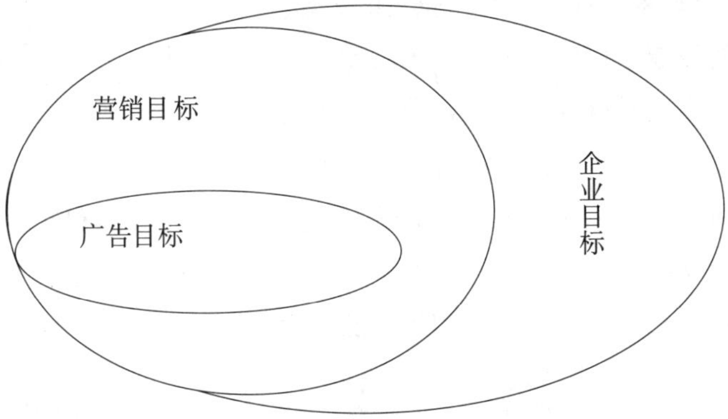

图5-1 企业目标、营销目标、广告目标之间的关系

二、广告目标的分类

（1）按目标的不同层次，可将广告目标分为总目标、分目标。总目标是全局性和总体的广告目标；而分目标则是总目标的具体的地区目标。

（2）按目标的重要程度，可将广告目标分为主要目标、次要目标。主要目标是涉及广告活动全局的、长期的战略目标；次要目标是在主要目标的实现过程中附带的目标。

（3）按目标的时间要求，可将广告目标分为长期目标、短期目标。

（4）按目标的不同内容，可将广告目标分为商品目标、企业目标、观念目标。

【注意】

在写广告策划书或者计划书时，广告目标那部分要写上总目标和分目标，或者长期目标和短期目标。

三、广告目标的主要内容

（1）提高新品牌知名度、认知度，使新产品能迅速进入目标市场。

（2）介绍新产品的用途或老产品的新用途。

（3）在销售现场起提示性作用，促进消费者直接购买。

（4）告知促销信息，配合营业推广活动的展开。

（5）提高消费者对产品一物多用的认知，或延长产品的旺季时间，以增加产品的销售。

（6）劝诱潜在消费者变为现实消费者。

（7）改变市场份额下降或维持市场份额上升的趋势。

(8) 强化品牌的品质形象，使消费者产生第一次购买行为。

(9) 强化品牌忠诚度，促进老客户重复购买。

(10) 增强品牌联想，以配合人员推销活动。

(11) 提高消费者对品牌的偏爱度，压制竞争对手。

(12) 加深消费者对广告商品的品牌、商标的印象。

(13) 增强品牌公信力，帮助消费者确认其购买决策是正确的和有利的。

(14) 提升品牌美誉度，增强社会影响。

(15) 利于品牌危机公关，以排除销售上的障碍。

(16) 提升品牌价值，为品牌延伸提供条件。

(17) 扩大品牌的影响，鼓舞营销人员的士气和提升经销商的信心。

(18) 传播企业文化，提升企业整体竞争力。

(19) 引导时尚，创造流行。

(20) 对消费者进行市场教育，创造新市场。

广告目标应当规定具体的指标和要求，如视听率、知名率、理解率、记忆率、偏爱率等，以作为检查广告效果的根据。

四、广告目标的制定要求

(一) 要配合营销目标

广告目标是企业营销目标的一部分，广告目标要与其他的营销目标如市场定位目标、分销目标、价格目标相协调，才能最大限度地实现营销目标。所以，制定广告目标是营销计划中的一项具体工作，必须反映出整体营销计划中的考虑重点，如广告活动范围、时限、程度等，以便使广告活动配合整体营销活动。

(二) 清楚明确，可以被测量

由于广告目标是一系列广告活动最终指向的结果，因此它对广告活动的指导作用决定了广告目标必须要清楚明确，以便最后能真正成为对广告效果进行测定的依据。

广告主应尽可能在规划广告活动之前，将广告活动的目标具体化，使人们可以以一套公认的标准对其进行测量。当然可测量不一定是严格地要求广告目标定量化，而是要求广告目标具有可以明确进行比较的性质。

(三) 具有可操作性

广告目标应该考虑到公司内外部环境，内部环境包括公司的人、财、物以及营销部门与其他部门的协调，外部环境包括消费者接受信息及产生购买行为的规律、竞争对手的情况以及行业总体情况。只有考虑了上述情况，制定出来的广告目标才具有可操作性，企业对广告目标的实现才有把握。

（四）容易被其他部门接受

广告活动只是整体营销活动中的一个组成部分，为了配合整体的营销活动，广告目标就一定要让其他营销部门能够接受，这样才可以让广告活动同其他营销活动相互协调。

（五）具有滚动性

广告目标必须明确，这样才能够指导整个广告活动。但是，为了更好地指导整个广告活动，就要考虑环境的种种变化对广告活动的影响。由于在广告活动进行的过程中，环境是不断变化的，为了确保广告目标的完成和具有可操作性，就要在变化的环境中对广告目标做出适当的调整，而这样的调整，又应该是广告目标所能够允许的。因此，广告目标还应该具有一定的滚动性。

（六）要有一定的系统性

广告目标的系统性主要表现在时空上。在时间上，有短期目标和长期目标，短期目标的制定要有利于长期目标的实现；在空间上，广告目标能够分解成为一系列广告活动的具体目标。这些具体的广告目标的一一实现，将能够促使总的广告目标逐步实现。

小案例

“×××牌超浓缩洗衣粉”2017年苏南地区广告总目标及分期目标

某公司为推动“×××牌超浓缩洗衣粉”的销售，争夺并拓展苏南市场，制定了2017年的广告目标。

一、广告总目标

经过本年的广告攻势，在苏南消费者心目中初步建立“×××牌超浓缩洗衣粉”的知名度和好感度，并且能在苏南市场站稳脚跟，与上海××牌洗衣粉分割市场，获得15%的市场份额。

二、广告分期目标

1. 扩销期（2017年4—6月）：主要任务是吸引消费者对“×××牌超浓缩洗衣粉”的注意；提高零售商的推荐率，初步树立品牌形象，引导消费者了解产品，在上年的基础上扩大市场。

2. 强销期（2017年7—10月）：深度引导消费者，塑造其对品牌的依赖感和好感，分割市场。

3. 补充期（2017年11月至次年春节）：以各种软性活动，在淡季维护产品的热度，为来年的再次销售高潮做准备，树立完整的品牌形象。

“×××牌超浓缩洗衣粉”在清楚、明确的广告总目标及依次推进、各有侧重的广告分期目标引导下，协调各方关系，运用各种广告策略，于2017年年底顺利完成了总目标任务。

当然，这则广告目标并不完美，其可测量性较差，特别是分期目标，没有一个非常明确可供测量的依据。

五、制定广告目标的方法

（一）科利的DAGMAR法

20世纪60年代初，科利提出了DAGMAR理论，即“制定广告目标以测定广告效果”。他认为广告目标是对行销工作中有关传播方面的简明陈述，广告目标应用简洁、可测定的词来表述，其基准点是依据所完成的事项能够测量而确定的。科利提议采用“商业传播”的四阶段理论去研究、分析消费者在知觉、态度或行动上的改变，从而达成广告最终说服消费者产生购买行为的目标四阶段分别是：

其一，知名（awareness）：潜在顾客首先一定要对某品牌或公司的存在“知名”。其二，了解（comprehension）：潜在顾客一定要了解这个品牌或企业的存在，以及这个产品能为他做什么。其三，信服（conviction）：潜在顾客一定要在心理上信服并想去购买这种产品。其四，行动（action）：潜在顾客在了解、信服的基础上经过最后的激励产生购买行为。

（二）L&S模式

L&S模式即莱维奇（Lavidge）和斯坦纳（Steiner）模式。罗伯特·J. 莱维奇和加里·A. 斯坦纳于1961年提出了一种不同于DAGMAR理论的“从知名到行动”的发展模式（见图5-2）。这两位创始人对其模式的说明如下：

广告可认为是一种必须把人们推上一系列阶段的力量：

第一阶段，在最初阶段，人们完全不知道某种商品品牌或企业的存在。

第二阶段，对产品的存在已经知晓，但离购买还有一大段距离。

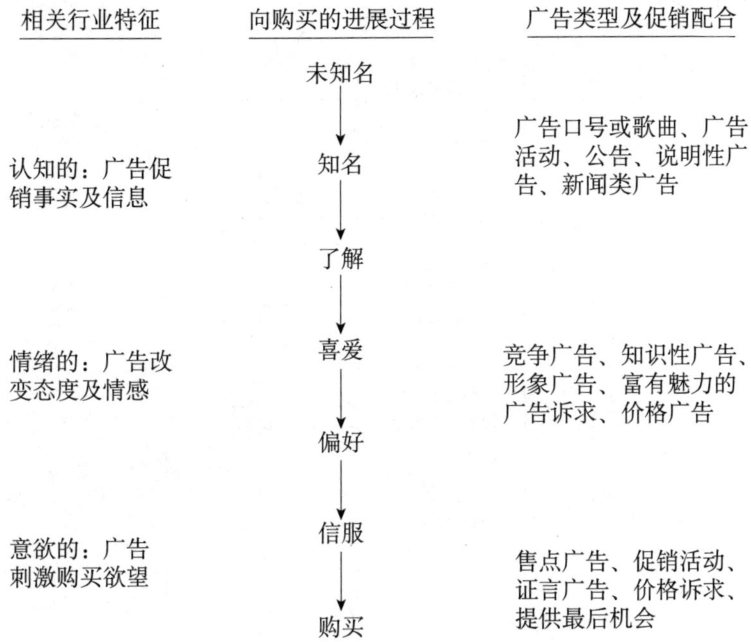

图 5－2　“从知名到行动”的发展模式

第三阶段，对产品进行了了解，开始接近购买。

第四阶段，将产品与自身利益相联系后，更接近购买。

第五阶段，对产品产生偏好，离购买只有一步之遥。

第六阶段，产生购买欲望，相信购买为明智之举，开始行动。

第七阶段，产生实际购买行为。

L&S 模式存在一定的缺陷，主要有以下几个方面：

(1) 对于某些商品的购买，消费者可能并不按照这一模式进行，他们可能在刚开始后就停止，或者可能做错后重新开始。

(2) 各阶段之间可能会相互影响，如后面阶段对前面的阶段产生影响。

(3) 从知名到购买全过程可能在瞬间完成，尤其在低风险、低花费产品的购买上更为常见。

(4) 有的消费者的购买行为可能完全不遵循这种过程，他们可能按照某种其他程序做出购买决策。

（三）修改后的层级模式

沃恩在 1980 年对“从知名到行动”的发展模式进行了进一步修改，提出了修改后的层级模式，认为有些消费者在某些情况下，对某些产品的决策可能遵循一系列的层级。图 5－3 中虚线代表可改变结果的反馈。如果消费者违反正常层级顺序，右侧的其他决策形态便可对他们进行追踪。

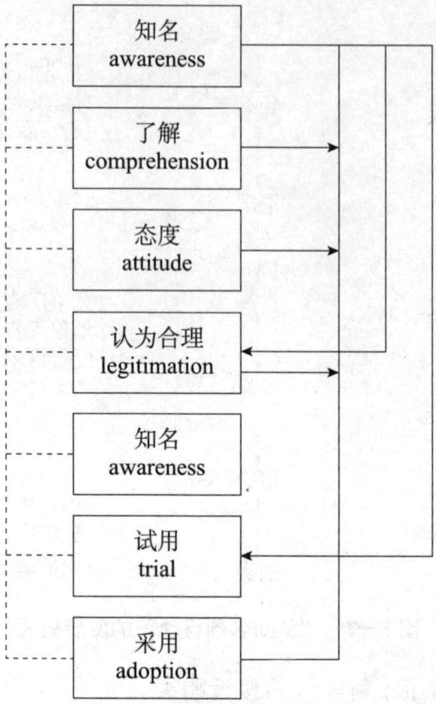

图 5-3 修改后的层级模式

! 提示

这三种理论给我们提供了消费者从接收广告信息到产生购买行为的每个心理阶段（如知名、了解、喜爱、偏好、信服等），我们可以将每个心理阶段转化为广告目标指标，如：品牌知名度、品牌好感度、品牌偏好率、品牌信任度、试用率、满意度等。

六、制定广告目标的流程

（1）根据市场及本企业的实际情况确定一系列广告目标指标，如：品牌知名度、品牌好感度、品牌偏好率、品牌信任度、试用率、满意度等。

（2）根据市场调查的结果分析品牌的长处和问题是什么。

（3）分析问题产生的影响因素。

（4）评估广告预算对广告目标指标的量化程度。

（5）制定品牌广告目标。

任务二 广告策略概述

一、广告策略的定义

广告策略是指将产品和服务的所有购买者利益，以有效的方法与步骤传达给目标市场，以促进销售的最高指导原则。

广告策略重点包括：whom（向谁说）；what（说什么）；how（如何说）。

（1）Whom（向谁说），即广告的目标受众是谁，在某种意义上广告的目标受众就是企业要找的目标消费群体，因此，必须研究目标消费群体的生活习惯、审美观、价值观、个性、接触媒体的习惯、消费与购买时机等，并以此决定广告创意和媒体组合。

（2）What（说什么），即诉求点，就是整个创意所要表达的中心思想。寻找诉求点的方法是：首先我们在产品功能的差异化中寻找诉求点（如海飞丝的祛头屑）；其次当企业的产品功能没有差异化时我们就根据企业目标消费群的心理特征，结合产品特征寻找产品品牌形象差异点（如王老吉凉茶诉求为降火功效），或者当品牌进入成熟期时，我们塑造企业的品牌形象作为诉求点（比如奥妮的“长城永不倒，国货当自强”，红塔集团的“天外有天，红塔集团”，海尔的“海尔，中国造”，等等）；最后当品牌形象不好确定时，我们将塑造一个差异化的产品概念进行诉求（如小糊涂仙酒的“糊涂文化”概念）。

不管我们要寻找的诉求点是哪种类型，我们寻找诉求点的方法都是在产品或者品牌的众多属性中寻找一种消费者感兴趣而竞争对手不具备或者没有优势的属性。

? 小思考

海飞丝诉求祛头屑，别的产品也能诉求祛头屑吗？

（3）How（如何说），指创意如何表达，在分析广告目标受众和广告投放时间的基础上进行具体的广告创意。

小案例

汇源百利哇的广告目标消费人群是小朋友，因此其包装设计创意是符合小朋友性格特征的卡通形象包装，以“好玩、好喝、好收藏”获得小朋友的认同。

二、广告策略的作用

广告活动向来是“以策略为先导，以创意为核心”，因此，在形成创意和媒体组合之前，必须要根据产品和市场的具体情况，制定相应的策略，以确保将购买者利益传达给目标市场，促进销售目的的实现。具体说来它有如下的作用。

（一）是广告目标和经营目标实现的有力保障

由于策略是促进销售的最高指导原则，因此以策略为基础的创意表达和媒体组合，确保了广告活动的开展符合企业的内外部环境，保证了广告效果，有利于最终实现广告目标和经营目标。

（二）是完成广告规划的基础条件

广告策略的制定、实施，是正确地确定广告创作方针，提出广告设计方案，制定广告活动步骤，使广告活动具有针对性和科学性的基础和前提。例如，计划推出一项广告，目标是提高品牌知名度，那么除在广告创意上产生记忆点，广告语朗朗上口、便于记忆以外，在选择媒体时还要考虑信息到达率、覆盖率、千人成本等，这些都需要广告策略指导。

（三）是决定广告效果的关键

没有广告策略的指导，广告创意就会天马行空，不一定能为销量服务，媒体组合就无法有的放矢，无法尽可能地覆盖目标人群，其广告效果就得不到保障。

三、制定广告策略的原则

由于企业的经营情况和面临的环境有所不同，因此广告策略是多种多样的，企业在选择广告策略的时候所依据的标准被称为制定广告策略的原则。具体说来包括如下原则。

（一）目标原则

广告策略的制定要考虑到广告目标，只有这样，广告策略才能指导广告活动并顺利完成广告目标。

（二）产品原则

由于产品所处的行业特性有所不同，因此，不同的产品广告策略考虑的重点也有所不同。

（三）受众原则

不同的受众类别，其性格特征、审美观、价值观、生活态度、购买力、购买决定要素、消费时机、接触媒体习惯等都有所不同，广告策略也要根据具体的受众特征来制定，才能确保广告创意感染受众以及媒介组合最大限度地覆盖目标消费群。

（四）传播媒体原则

各种媒体的特点及优劣势有所不同，广告策略只有考虑媒体的具体情况，才能将广告信息放大并最终做到广而告之，达到广告目标。

（五）传递信息原则

所要传递的信息无论是关于企业、商品的，还是关于服务的，它们的诉求点、创意表现都有其特性，广告策略要遵照这些特性来制定。

（六）投放时机原则

企业外部环境一直处于变化当中，广告策略应该依据这种变化适时调整媒体投放时机，以确保配合企业的销售时机，完成企业的广告和销售目标。

任务三　广告产品策略

广告产品策略主要包括广告产品定位策略和广告产品生命周期策略，另外还有新产品开发策略、产品包装和商标形象策略等。本任务中主要介绍广告产品定位策略和广告产品生命周期策略。

一、广告产品定位策略

广告最终是为营销服务的，产品是营销的主体，企业与消费者的关系是通过产品来沟通的，企业通过营销组合策略将产品卖给消费者，最终实现利润的最大化；消费者为了满足需求，在购买产品之前要接受一定的信息，而广告起着传递这种信息的作用，它为购买行为的产生奠定了思想基础。因此，广告的产品策略不仅是市场营销的重要策略，而且是广告宣传中引导和刺激消费需求的重要战略。

所谓产品定位，严格地说，就是根据本企业的产品在顾客心目中的位置，决定它应于何种消费及购买时机、对哪些消费者出售，以利于与其他厂家的产品竞争。广告的产品定位策略，是在广告活动中通过突出商品符合消费者心理需求的鲜明特点，确立商品在竞争中的方位，给消费者购买该商品找到一个理由。这一策略的特点就是突出产品的个性，即同类产品所没有的优异之处，而这些优点正是消费者所需要的。广告产品能否符合消费者的需求，是广告成败的关键。

广告产品定位策略的具体运用主要分为两大类：实体定位策略和观念定位策略。

（一）实体定位策略

所谓实体定位策略，就是在广告宣传中突出商品的新价值，强调与同类商品的不同之处和所带来的更大利益。实体定位策略又可分为功效定位、品质定位、市场定位、价格定位等。

1. 功效定位

功效定位是指在商品的众多属性中找到一种竞争对手不具备而又能满足消费者心理及生理需求的属性，该属性被称作功效，使该商品在同类产品中有明显区别，以增强选择性需求。它是以同类产品的定位为基准，以有别于同类产品的优异性能为宣传重点的。

小案例

“血尔”运用功效定位在补血类保健品市场中获得了成功。“血尔”是保健品名牌企业康富来的产品，拥有“补血”与“强身”的双重功效。如果按常规运作，“血尔”在认知度上必定会败给“红桃K”（当时补血品市场上的领导品牌，定位是“补血快”）。康富来根据自己产品本身的功能和特性，确定了“功效持久”的宣传重点，与“补血快”针锋相对。

2. 品质定位

品质定位是指通过强调产品具体的良好品质而对产品进行定位。如在宣传丁基橡胶自行车内胎的功能时，强调打气一次能保持三个月的优良品质。

3. 市场定位

市场定位是市场细分策略在广告中的具体运用，是指将商品定位在最有利的市场位置上。如兵兵贴在广告中宣传自己是针对儿童发烧用的退热贴。

4. 价格定位

价格定位则是指因商品的品质、性能、造型等方面与同类商品相近似，没有什么特殊的地方可以吸引消费者，在这种情况下，广告宣传便可以运用价格定位策略，使商品的价格具有竞争性，从而击败竞争对手。

（二）观念定位策略

观念定位是指突出商品的新意义、改变消费者的习惯心理、树立新的商品观念的广告策略。具体有两种方法：逆向定位和是非定位。

1. 逆向定位

逆向定位是指借助于有名气的竞争对手的声誉来引起消费者对自己的关注、同情和支持，以便在市场竞争中占有一席之地的广告产品定位策略。大多数企业的商品定位都是以突出产品的优异性能的正向定位为方向的，但逆向定位则反其道而行之，在广告中突出市场上名气响亮的产品或企业的优越性，并表示自己的产品不如它好，甘居其下，但准备迎头赶上；认为自己没有最好，只有更好；或通过承认自己产品的不足之处，来突出产品的优越之处。这是利用人们同情弱者和信任诚实的人的心理，故意突出自己的不足之处，以唤起同情和信任的手法。如珠江宽频的广告词："我们第二，所以我们更努力！"

2. 是非定位

是非定位则是指从观念上人为地把商品市场加以区分的定位策略。如"牵手"在广告中宣传自己是果菜汁，以区别于其他的果汁。

广告的产品定位策略，同样可用于企业定位、劳务定位。它是根据企业的营销策略、商品差别化、市场细分化、产品生命周期阶段等状况，确定广告最有利的诉求的一种有效策略。该策略应用是否得当，会直接影响到广告效果。

二、广告产品生命周期策略

任何一种产品都有生命周期，只是周期长短不同。产品处在不同的生命发展阶段，其工艺成熟程度、消费者的接受程度、市场竞争状况和市场营销策略等，都有不同的特点，因此，广告目标、诉求重点、媒介选择和广告实施策略也有所不同。

在产品的导入期和成长期前期，新产品刚进入市场，产品的品质、功效、造型、结构等都尚未被消费者所认知。在这一阶段，广告宣传以创牌为目标，提高品牌知名度及消费者对品牌的认知度，广告策略以告知为主，通过产品的功效宣传突出新旧产品的差异，广告诉求方式较理性，使消费者对新产品功效有所认识，当产品功效能满足某些消费者的利益点时，就会引起消费者的兴趣，使其产生信任感并尝试购买，在尝试购买人群的推动下，争取更多的早期使用者，逐步过渡到普遍采用。这一阶段是广告宣传的初级阶段，应该投入较多的广告费，运用各种媒介，配合宣传，造成较大的广告声势，以便使新产品迅速打入市场。

产品进入成长期后期和成熟期，广告宣传也进入中期阶段。此时新产品的功效获得消费者承认，销售量急剧上升，利润已有保证。同时，同类产品也纷纷投入市场，竞争日益激烈。尤其是在产品进入成熟期后，产品工艺稳定成熟，消费者已形成使用习惯，产品销售达到顶峰，新产品变成普及产品，同类产品竞争激烈。在这一阶段，广告以保牌为目标，巩固已有的市场和扩大市场潜力，展开竞争性广告宣传，引导消费者认牌选购。在产品进入成长期时，广告必须注重产品品牌形象的诉求；而在进入成熟期时，要转而注重企业品牌形象的诉求，整个广告诉求表现以感性为主，突出本产品同其他品牌同类产品的差异性和优越性，巩固企业和产品的声誉，加深消费者对企业和商品的印象，广告的对象则转化为广大消费者。

在产品进入饱和期和衰退期之后，产品供求日益饱和，原有产品已逐渐变成老产品，新的产品已逐步进入市场。这一时期的广告目标，重点放在维持产品市场上，采用延续市场的手段，维持产品的销售量或延缓销售量的下降。其主要做法是运用广告提醒消费者，以长期、间隔、定时发布广告的方法，及时唤起注意，巩固习惯性购买。诉求重点应该突出产品的销前和售后服务、保持企业荣誉、稳定产品的晚期使用者及保守者。

任务四 广告市场策略

一般来说，广告的市场策略主要包括三个具体策略：广告目标市场定位策略、广告促销策略和广告心理策略。

一、广告目标市场定位策略

广告是市场的产物，它主要是为推销产品服务的，离开了市场活动，广告的存在也就失去了意义。任何企业的产品都只能满足一定的市场需求范围与市场需求目标，因此企业就必须根据市场需求目标进行生产和销售，并制定相应的市场营销策略与广告策略。

所谓目标市场定位策略，就是指企业根据某个细分指标（如年龄、身份、性别等）将整个市场划分为若干个子市场，企业选定某一子市场作为自己销售对象的方法。根据市场细分原则，目标市场可以分为无差别市场、差别市场和集中市场。由于不同的目标市场特点不一样，其广告对象、广告目标、媒介选择、诉求重点和诉求方式等都有所不同。因此，广告策略可分为无差别市场广告策略、差别市场广告策略和集中市场广告策略。

（一）无差别市场广告策略

无差别市场广告策略是指在一定时间内，向同一个大的目标市场运用各种媒介搭配组合，做同一主题内容的广告宣传。这种策略一般应用在产品导入期与成长期初期，或产品供不应求、市场上没有竞争对手或竞争不激烈的时期，是一种经常采用的广告策略。它有利于运用各种媒介宣传统一的广告内容，迅速提高产品的知名度，以达到创牌目的。

小案例

早期的可口可乐公司在相当长的时间里拥有世界性的专利，当时公司仅生产一种口味、一种容量和包装的可口可乐，连广告语也仅有一种。

（二）差别市场广告策略

差别市场广告策略是指在市场细分的基础上，企业根据不同细分市场的特点，运用不同的媒体组合，做不同主题的广告。这些广告在满足消费者的需求上，在产品品质与外观特点的宣传上，在广告形式上都具有很强的针对性，也就是说，是针对特定的消费者而制作的。一般来说，在广告产品成长期的后期、成熟期或遇到同行激烈竞争的时候，就需要运用这种广告策略来达到保牌目的。

（三）集中市场广告策略

集中市场广告策略是指广告主把广告宣传的精力集中在一个或者几个细分目标市场的广告方法。这种方法一般适用于资源有限的中小型企业。

二、广告促销策略

广告促销策略是一种紧密结合市场营销而采取的广告策略，它不仅告知消费者购买商品可获得的利益，以说服其购买，而且结合市场营销的其他手段，给予消费者更多的附加利益，以吸引消费者对商品的兴趣，在短期内收到广告效果，有力地推动商品销售。广告促销策略包括馈赠广告、文娱广告、抽奖广告、公益广告等。

（一）馈赠广告

馈赠广告是一种奖励性广告，其形式很多，如广告赠券等。食品、饮料和日用品的报刊广告多用此法。优惠方法多为折价销售或附赠小件物品。这个办法既可以扩大销售，又可检测广告的阅读率。除广告赠券外，广告与商品样品赠送相配合也是一种介绍商品的有效方法，但成本较高。

（二）文娱广告

文娱广告也是广告促销的常用策略，如出资赞助文艺节目和电视剧、广播剧的制作等。此外，如猜谜、有奖征答等也是文娱广告促销的有效形式。

（三）抽奖广告

抽奖广告是一种抽奖中奖形式的广告推销手段，在国外很流行，也具有一定的效果。

（四）公益广告

公益广告是把公益活动和广告活动结合起来的广告策略。通过关心公益，关心公共关系，开展社会服务活动，争取民心，树立企业形象，从而增强广告的效果。这种策略能给人一种企业利润取之于社会、用之于社会的好感。

三、广告心理策略

广告信息是要让目标消费群接受的，因此要研究目标消费群的心理接受过程，才能让广告诉求及创意表达有的放矢。广告心理策略具体表现为以下两个方面。

（一）针对消费者心理需要进行刺激、说服和引导

这是广告心理策略的精髓，也是广告定位首先要考虑的问题。我们根据马斯洛需要层次理论进行进一步的研究，发现人的需要可以细分为下面十个需要：

（1）健康的需要。

（2）饮食的需要。

（3）安全的需要。

（4）情感的需要。

（5）经济的需要。

（6）舒适的需要。

（7）进取的需要。

（8）求美的需要。

（9）效率的需要。

（10）荣誉的需要。

一种商品可以满足人们的多种需要，而不同的人对于相同的商品又有不同的需要。因此做广告重要的是了解消费者对商品寄予什么希望，企望得到什么满足，只有了解消费者的需要并针对这种需要做广告，广告才能打动人心，促使消费者购买。

（二）运用心理方法促使消费者完成购买

消费者从接触广告到产生购买的一系列心理变化过程，是环环相扣、逐级递进的。国外广告学家将这个过程分为五个阶段，即注意（attention）、兴趣（interest）、欲望（desire）、记忆（memory）、行动（action），又称为AIDMA阶段。广告的心理方法有以下几种。

1. 唤起注意

引起注意的广告手法有：

（1）增大刺激强度，如采用鲜明的色彩、醒目突出的图案和文字、富有动感的画面、特殊的音响等。

（2）突出刺激元素间的对比，如静动对比、虚实对比、色彩对比、节奏对比等。

（3）增强刺激物感染力，即在广告设计中采用新奇独特的构思、生动活泼的形式和引人注意的题材，选择适当的时间和空间等。

2. 激发兴趣

兴趣的产生基于两点：一是强烈的刺激；二是内心的需求。欲望常由兴趣引起，兴趣常因欲望而增强。

3. 刺激欲望

刺激欲望的最好办法是强调产品所能给予顾客的利益满足。

4. 增强记忆

广告是一种间接的促销手段，消费者从接触广告到实际购买还有时间和空间的隔离。广告要不断反复，并通过多种媒介组合宣传，增强消费者对广告品牌的记忆和认知。

5. 促使行动

促成购买是广告成功的最关键一步。若不能促成购买，虽是一步之差，却可以使所做的一切努力前功尽弃，因而销售现场的广告宣传（销售点广告）必不可少。

小案例

薇姿（VICHY）润泉保湿系列的广告是运用广告心理策略的一个典型的例子。在薇姿的广告中，一个女性的脸部侧面特写占据整个画面，大量的水顺着脸庞往下流，眼神里透露出担忧、恐惧的复杂情绪，广告语为“皮肤每天丢失1/2升水分，润泉保湿日霜一整天补充并锁住皮肤的水分”，并配有使用前和使用后的皮肤断面比较图。这则广告触目惊心，当消费者知道脸上的水分像瀑布一样流失时，简直坐立难安。这时产生的恐慌感和急迫感起着放大和增强内驱力信号（缺水）的作用，并成为驱策消费者行动（购买）的强大动机。

任务五 广告媒介策略

广告媒介策略实质上是根据广告的产品定位策略和市场策略，对广告媒介进行选择和搭配运用的策略。其目的在于以最低的投入取得最大的广告效益。广告媒介的经济效益，是指媒介的质和量的价值与广告费之比。广告媒介的质的价值，是指媒介的影响力和心理效能；广告媒介的量的价值，则是指媒介覆盖的范围和视听者人数。

媒介选择一般要考虑媒介性质、产品定位、消费者习惯、广告市场定位和目标定位、市场竞争、广告费用预算等因素。

媒介的性质是决定一种商品选择什么样的媒介才能获得最好的广告效益的首要因素，因为，媒介传播范围的大小、发行量的多寡会影响视听人数；媒介的社会文化地位与广告的读者层或视听者层相适应的程度会影响广告的效果；媒介的社会威望对广告的影响力和消费者的信任程度有重要影响。因此，在选择媒介时，应事先对媒介有所了解，这样才能使媒介运用得当，使广告收到较好的效果。

无论是生产资料还是日用消费品，各种产品的特性都是有所不同的，其消费对象也不同，因而对媒介的适用性也不一样。一般而言，日常生活用品或高档消费品可选择电视、报纸等大众媒介，而生产资料则可选择专业杂志。

在日常生活中，人们常常根据自己的职业、兴趣、文化程度等来接触传播媒介，这种对媒介的接触习惯对广告的效果影响很大。因而，广告媒介的选择，必须考虑消费者的生活习惯。广告对象与媒介对象越接近，广告效果就越好。了解消费者的生活习惯和接触媒介的习惯，有助于恰当选择媒介。

任务六　广告实施策略

严格地说，广告活动从计划、制作到实施过程的不同阶段都有各不相同的特点和策略。由于广告实施过程与媒介、产品和目标市场密切相关，因而，广告的实施策略与广告的产品策略、市场策略和媒介策略又有许多交叉的地方。广告的实施策略主要有广告差别策略、广告系列策略和广告时间策略等。

一、广告差别策略

广告差别策略是以发现差别和突出差别为手段，充分显示广告主企业和产品、创意表现特点的一种宣传策略，包括产品差别策略、劳务差别策略、企业差别策略、创意表现差别策略等四方面内容。

（一）产品差别策略

产品差别策略，是突出产品的功能差别、品质差别、价格差别、花色品种差别、包装差别和销售服务差别的广告宣传策略。因为产品的上述差别可以是新旧产品间的差别，也可以是同类产品间的差别，所以广告的产品差别策略是具有竞争性的。运用广告差别策略时，首先要发现该产品的功效差别，在设计制作广告作品时要突出它的功效差别，给予消费者能够获得某种利益的鲜明印象。

（二）劳务差别策略

劳务差别策略的基本原理与产品差别策略相同，主要是突出和显示本企业劳务在同类劳务中的差别性，从而说明本企业的服务能给消费者带来更多的方便与利益。

（三）企业差别策略

企业差别策略是指突出企业设备差别、技术差别、管理水平差别、服务措施差别和企业环境差别等内容的广告宣传策略。

（四）创意表现差别策略

创意表现差别策略主要是指突出在创意表现的类型及风格上与其他竞争对手的差别的广告宣传策略。

小案例

高露洁在进入中国市场之前，曾花大力气做市场调查。调查发现，国内牙膏广告竞争激烈，但日趋同质化，诉求对象几乎都是成年消费者，格调老式，广告表现手法也平淡无奇。针对这种情况，高露洁采取了独树一帜的广告策略。

高露洁风格鲜明，它以少年儿童作为广告片的主角，风格马上与国内大量雷同的牙膏广告区别开来，赢得了消费者观感上的好评。同时，高露洁想通过儿童来影响他们父母对牙膏品牌的选择。高露洁充分考虑了儿童对父母购买决策的影响，因此制作了以少年儿童为主角，很符合广大儿童口味的广告。此外，高露洁想让中国的新一代少年儿童在高露洁的陪伴下成长。这些少年儿童一旦建立了对高露洁的亲切感，培养了忠诚度，将有可能终生选择高露洁，甚至影响到他们的子女，这样无形中延续了这个品牌的生命周期。

高露洁广告一向以产品功能诉求为导向，这是其广告成功的法宝之一。有一则广告是这样的：一个慈祥亲切、知识渊博的牙医，在向孩子们讲述高露洁牙膏是如何以双层氟化物保护牙齿的，其中没有用高露洁牙膏涂刷的白色贝壳在小锤的轻敲下塌陷了一块。高露洁为什么要设计这样一则广告？原因在于牙膏购买是一种理性消费，而不是随意性很强的感性消费。牙膏广告应该就产品对保护牙齿、保健口腔有无实效展开诉求，而不是偏离该卖点去追求虚幻的事物。所以高露洁广告简洁平实，却具有很强的说服力。

二、广告系列策略

广告系列策略是指企业在广告计划期内连续地和有计划地在同一媒体或不同媒体上发布有统一设计形式或内容的系列广告，不断加深广告印象、增强广告效果的手段。在时间与空间上连续出现主题及风格相同的广告，其目的是加深品牌在消费者心中的印象。广告系列策略包括形式系列策略、主题系列策略、功效系列策略和产品系列策略等。

（一）广告形式系列策略

广告形式系列策略是指在一定时期内有计划地发布数则设计形式相同但内容有所改变的广告的策略。由于设计形式相对固定，有利于加深消费者对广告的印象，增加企业的知名度，便于消费者在众多的广告中分辨出本企业的广告。这种策略适合内容更新快、发布频率高的广告，如旅游广告、文娱广告、交通广告和食品广告等。整体广告很注重这一策略的运用。

（二）广告主题系列策略

广告主题系列策略是指企业在发布广告时依据每一时期的广告目标市场的特点和市场营销策略的需要，不断变换广告主题，以适应不同的广告对象的心理欲求的策略。

小案例

中兴百货的系列广告并不是同一主题的，但是它们仍然是一个系列，新装上市、服装折扣、企业形象、服装文化、消费观念等主题一起演绎了这个系列的广告。它们有着相同风格的创意表现，宣传的是同一风格的文化现象，正是由于这一系列独具个性的广告的表现，中兴百货塑造了自己特有的品牌个性。其系列广告语如下：

我爱流行，所以我存在。

时尚经济学不是自由竞争，是抢先寡占市场。

财富重分配是别人没买到衣服，而你统统购入。

幸福就是一群姐妹淘和一块好布料。

衣服是这个时代最后的美好环境。

美丽能拯救世界。

自我改造，将成为21世纪最时尚的事。

关于学习永远谦虚。

这些广告并没有传递完整、连续的广告信息，而是醉心于语言文字的创作，这种非连续、不确定的文字吸引了消费者，消费者所钟情的也许并不是产品，而是这些文字表述及其所带来的悠远意境。

（三）广告功效系列策略

广告功效系列策略是指通过多则广告逐步深入强调商品功效的广告策略。这种策略或是运用不同的商品观念来体现商品的多种用途，或是在多则广告中的每一则都强调一种功效，使消费者易于理解和记忆，或者结合市场形式的变化在不同时期突出宣传商品的某一用途，起立竿见影的促销作用。

（四）广告产品系列策略

广告产品系列策略是指为了适应和配合企业系列产品的经营要求而实施的广告策略。

产品系列策略密切结合系列产品的营销特点进行，由于系列产品具有种类多、声势大、连带性强的特点，因而在广告中可以灵活运用。

三、广告时间策略

广告时间策略，就是指企业针对不同的媒体组合，根据目标受众接受信息的规律对广告发布的时间和频度做出统一的、合理的安排。广告时间策略要视广告产品的生命周期阶段、广告的竞争状况、企业的营销策略、品牌长远战略等多种因素的变化而灵活运用。一般而言，即效性广告要求发布时间集中、时限性强、频度波动大；迟效性广告则要求广告时间发布均衡、时限从容、频度波动小。广告时间策略是否运用得当，对广告的效果有很大影响。

（一）广告时间策略的时限运用

广告时间策略在时限运用上主要有集中时间策略、均衡时间策略、季节时间策略、节假日时间策略、黄金时段策略等五种。

1. 集中时间策略

集中时间策略，主要是集中力量在短时期内对目标市场进行突击性的广告攻势，其目的在于集中优势，在短时间内迅速造成广告声势，扩大广告的影响，迅速地提高产品或企业的声誉。这种策略适用于新产品投入市场前后、新企业开张前后、流行性商品上市前后，或在广告竞争激烈时，以及商品销售量急剧下降时。在这种情况下，存在一个产品广告曝光频度的最低限度，低于这一限度的广告完全达不到广告目的；同时还有一个最高限度的存在，高于它无助于广告目标的实现。

2. 均衡时间策略

均衡时间策略，是指有计划地反复对目标市场进行广告投放的策略，其目的是通过持续地加深消费者对商品或企业的品牌印象，来达到企业长期的品牌资产的累积；保持潜在消费者的记忆，挖掘市场潜力，提高商品的知名度。在运用均衡时间策略时一定要注意使用媒体的变换及广告表现的变化，不断予人以新鲜感，而不要长期地重复同一广告内容，广告的频度也要疏密有致，不要给人单调感。

3. 季节时间策略

季节时间策略主要用于季节性强的商品，比如保暖内衣等一般在销售旺季到来之前就要开展广告活动，为销售旺季的到来做好信息准备和心理准备。在销售旺季，广告活动达到高峰，而旺季一过，广告可停止或做少量的投放，少量投放可以保持消费者的品牌记忆和提高消费者的品牌忠诚度。这类广告策略要求掌握好季节性商品的变化规律。过早开展广告活动，会造成广告费的浪费，而过迟则会延误时机，直接影响商品销售。

4. **节假日时间策略**

节假日时间策略是零售业和服务业常用的广告时间策略。一般在节假日之前数天便开展广告活动，而节假日一到，广告即停止。这类广告要求有特色，把品种、价格、服务时间以及异乎寻常之处的信息突出地、迅速地和及时地告诉消费者。

5. **黄金时段策略**

在电视作为主流媒体的时代，如何使用电视媒体的黄金时段显得特别重要。

黄金时段应该选择产品的黄金时段，而不是电视的黄金时间。电视媒体的黄金时段一般指 19—21 点，在这段时间电视的收视率较高。企业在投放广告时往往只考虑收视率，而忽视产品的目标群体占总收视人口的比重是多少。如海王金樽曾在黄金时段做过广告，“第二天舒服一点”的品牌口号家喻户晓，广告创意和代言人的选择都是毋庸置疑的，“第二天舒服一点”的产品功效诉求也是很准确的，但产品的最终销售效果不理想。其原因之一就是广告时间选择有误，其目标受众定位于高端人群，特别是商务精英人士，而这些人通常早出晚归，不会每天 7 点守候在电视机旁，所以广告应该投放于晚间时段。

（二）广告时间策略的频度运用

广告的频度是指在一定的广告时期内发布广告的次数，在策略上可根据实际情况需要，交替运用固定频度策略和变化频度策略。

1. **固定频度策略**

固定频度策略是均衡广告时间常用的时间频度策略，其目的在于实现有计划的持续广告效果。固定频度策略有两种时间序列：均匀时间序列和延长时间序列。均匀时间序列的广告时间按时限周期平均运用。如时限周期为五天，则每五天广告一次；若为十天，则每十天广告一次，以此类推。延长时间序列是根据人的遗忘规律来设计的，广告的频度固定，但时间间隔越来越长。

2. **变化频度策略**

变化频度策略是指广告周期里用每天广告次数不等的办法来发布广告。变化广告频度可以使广告声势适应销售情况的变化。变化频度策略常用于集中时间策略、季节与节假日时间策略，以便借助广告次数的增加，推动销售高潮的到来。

变化频度策略有波浪序列型、递升序列型和递降序列型三种方式。

（1）波浪序列型是广告频度从递增到递减，又由递减到递增的变化过程，在这一过程中广告频度由少到多，又由多到少，适用于季节性和流行性商品的广告宣传。

（2）递升序列型则是频度由少到多、至高峰时戛然而止的过程，适用于节日性广告。

（3）递降序列型是广告频度由多到少，由广告高峰跌到低谷，在最低潮时停止的过程，适用于文娱广告、企业新开张或优惠酬宾广告等。

项目小结

● 广告目标是指所有的广告活动最终指向的结果。它的宗旨是为企业传播品牌信息，使企业销售有上升的趋势。它只对品牌资产（上升还是下降）负责而不对具体的销售量负责。

● 制定广告目标的要求：要配合营销目标；清楚明确，可以被测量；具有可操作性；容易被其他部门接受；具有滚动性；要有一定的系统性。

● 制定广告目标的流程：

（1）根据市场及本企业的实际情况确定一系列广告目标指标。

（2）根据市场调查的结果分析品牌的长处和问题是什么。

（3）分析问题产生的影响因素。

（4）评估广告预算对广告目标指标的量化程度。

（5）制定品牌广告目标。

● 广告策略是指将产品和服务的所有购买者利益，以有效的方法与步骤传达给目标市场，以促进销售的最高指导原则。

● 广告策略的重点：（1）whom（向谁说）；（2）what（说什么）；（3）how（如何说）。

● 广告策略的作用：是广告目标和经营目标实现的有力保障；是完成广告规划的基础条件；是决定广告效果的关键。

● 制定广告策略的原则：目标原则、产品原则、受众原则、传播媒体原则、传递信息原则、投放时机原则。

● 广告策略的类型：广告产品策略、广告市场策略、广告媒介策略、广告实施策略。

案例分析

随着高校的后勤社会化，越来越多的商家想进入高校，这也使专门针对高校的广告明显增多。那么，假设我们现在要为客户进行针对高校的广告推广，我们应该采取哪些策略来达到目标呢？需要考虑的问题包括以下方面：

1. 我们应该如何进行广告推广？

2. 可以采取哪些广告形式？

3. 可以采用哪些广告媒介？

4. 学校里有哪些资源供我们用来发布广告？

5. 怎样利用这些资源？

基本训练

1. 训练类型

(1) 模拟项目导入：教师可以模拟一个项目或者以下面的项目作为参考。

某品牌洗发露，能防止脱发，广告预算初步定为500万元，让学生根据这一情况提交广告策略文案。

(2) 真实项目导入：参与某广告公司某广告项目的广告策略的制定，提交广告策略文案给广告公司。

2. 训练说明

无论选择上述哪一种项目导入，都让学生分组进行方案的制定。在制定方案时学生要在组内进行头脑风暴，方案提交时，其他小组的学生扮演广告主，对该方案提出修改意见，最后教师做点评，该小组按照老师和学生的建议对广告策略文案进行修改。该文案作为训练成果提交，应包括分析部分和策略部分。分析部分包括：市场总体情况分析、竞争对手分析、消费者情况分析、SWOT分析；策略部分包括：定位策略、诉求策略、表现策略、媒介策略、投放策略等。

3. 广告策略实训成果表

<table>
<tr><td colspan="2">项目名称</td><td colspan="5">广告策略实训</td></tr>
<tr><td colspan="2">实训类型</td><td colspan="2">模拟项目/真实项目</td><td>实训地点</td><td colspan="2">多媒体实训室/广告公司</td></tr>
<tr><td>姓名</td><td colspan="2"></td><td>实训内容</td><td></td><td>指导教师</td><td></td></tr>
<tr><td colspan="4">评价内容</td><td colspan="2">成绩评定标准</td><td>成绩</td></tr>
<tr><td colspan="4">以小组为单位提交广告策略文案，该文案成绩占个人成绩的50%</td><td colspan="2">1. 广告策略文案分为两个组成部分：第一部分为广告文案部分，第二部分为广告创意说明部分
2. 广告创意内容要积极、健康、有新意，能够较好地吸引受众的注意
3. 小组要对个人的广告创意进行合理、客观的评价，本人要在此基础上做修改</td><td></td></tr>
<tr><td colspan="4">每个人提交一份实训总结，该总结成绩占个人成绩的50%</td><td colspan="2">1. 必须涵盖对于此次实训过程的描述和此次实训经验总结
2. 不得少于500字</td><td></td></tr>
<tr><td colspan="6">总成绩</td><td></td></tr>
</table>

【注意】

(1) 以上所有作业一律使用A4纸，手写、打印都可以。如打印，标题用三号字、正文用小四号字，在每页的页脚中心位置标明页码。

(2) 所有作业按页码顺序订成册存档，无存档资料为无效实训。

项目六 广告创意与表现

引子：

2006年年底，在第十七届亚太区广告节上，所有评委一致评定，由广州火之鸟广告公司选送的“金霸王”电池广告《长命电池篇》获广告奖金奖。这是亚太地区广告行业的最高荣誉奖项，也是中国首个在亚太广告节中获得金奖的平面广告。

中国的电池市场竞争日趋激烈，产品的同质化也带来了行业广告的“同质化”，单纯用常规的方式诉求电量强大、使用时间长这一卖点的广告越来越多，但平庸的广告诉求已经不能引起消费者的关注。

《长命电池篇》从产品电量强劲、电力持久的卖点出发，历经岁月沧桑的石头剖面上镶嵌着一个锈迹斑斑的手电筒，但是，手电筒的电能并未因时间流逝而用尽，因为它用的是“金霸王”电池，所以依然能发出强劲的亮光。主题语“长命电池”与画面呼应，震撼、准确、清晰地说出了消费者内心深处的期望。

本广告通过超越时空的表现手法，诉求了“金霸王”电池历经千万年后仍能保持强劲的电力。广告画面震撼人心，不仅让人感受到了产品的电能持久与电量强劲，而且以此塑造了“金霸王”强大的产品生命力与优良品质是用时间沉淀出来的良好品牌形象。

本广告跳出了传统的平铺直叙地讲述产品功能的广告风格，从消费者的角度出发，以时空的跨越为创意核心，并升华创意构思，引起消费者内心的强烈共鸣，从而达到广告的目的。

在进行本广告创意之前，主创人员反复对市场、消费者、竞争品牌进行调研、分析、思考，采用脑力激荡法、头脑风暴法、横向纵向联想法，把常人想不到的创意变为直指人心的经典广告。

上例说明要创作出优秀的广告，首先要深度分析市场，研究同行竞争品牌，找出产品核心卖点，确定广告策略；然后跳出广告常规，突破思维定式，挖掘消费者内心深处的潜在需求；最后以艺术化的完美表现，在广告的传播中完成与消费者的心灵沟通，从而成就经典创意。

理论目标

1. 理解广告创意的概念与基本原则。
2. 掌握广告创意的前期工作。
3. 掌握广告创意的思维方法。
4. 掌握广告创意的基本类型。

能力目标

1. 具备熟练依据创意创作流程有条不紊地进行创意的能力。
2. 具有以创意原则为基础，灵活使用创意的方法展开对创意的思考的能力。
3. 能根据不同行业及产品的特点灵活运用广告创意的各种不同类型进行创作，并使创意能艺术化地表达诉求，具有极强的感染力。
4. 能独立点评与分析相关创意案例。

任务一 广告创意概述

小知识

在创意的过程中，心智是遵循着一种可学习、可控制的操作技巧运作的，这些技巧经过熟练的操作后，就跟你使用的其他任何工具一样。

——詹姆斯·韦伯·杨（James Webb Young）

一、广告创意的概念

创意是创造意象之义。创意的好坏直接关系到广告主题是否能正确而富有感染力地表达出来，广告形式是否震撼人心，从而影响受众对广告信息的接受程度。那么，什么是广告创意呢？

广告创意是为了确立和表现广告主题而进行的一种创造性思维活动。换言之，广告创意是为了使广告传播达到广告目的，运用艺术手段而思考出来的富有创造性的主意、意念、主张或新奇的点子。它是介于广告策划和广告制作之间的艺术构想活动。

广告创意应该从商品、市场、目标消费者入手，首先确定有没有必要说，再确定对谁说，继而确定说什么、怎么说。广告创意的核心在于提出理由，继而讲究说服，以促成行动。而这一理由应具有差异性与独创性，是别人未曾说过的或者别人说过但说得不深的。

广告创意是建立在对产品、市场、目标消费者、竞争对手进行研究分析的基础上而展开的，还必须根据企业愿景、品牌策略、销售目标、行销主张等更高营销战略层面而确定具体的艺术表现形式，并为此寻找一个说服目标消费者的理由，根据这个理由通过视觉、听觉的系统表现，来影响目标消费者的感情和行为。广告创意不同于纯艺术创作，它是一种目的性很明确的信息创作，通常是广告人集体智慧的结晶。因此，它必须服从广告目标和广告策略，在此前提之下，展开思考与联想，确定广告的表现方针，如广告诉求重点、信息的传播方法、说服的方式和技巧等。

广告创意从本质上说是一种商业行为，它的功能是传达信息，目的是促进销售，使用的是艺术表现手段。因此，广告创意有自己的创意形态、创作方法，不能照搬艺术创作。在广告创意过程中，最重要的是必须考虑广告创作的关联性、独创性、震撼性，这样的广告才能在铺天盖地的广告中脱颖而出。由此我们可以看出：广告创意虽然使用艺术表现手段，但并不是天马行空想怎么想就怎么想，它是“戴着枷锁跳舞”，需要遵循一定的科学规律。

小案例

“主妇踢球，与众不同”

在竞争日趋激烈的家电市场上，产品的同质化也带来了产品广告的同质化，单纯以产品功能为卖点的广告越来越多，已经不能引起消费者的关注。美的多功能电饭煲的广告片讲述了一小区内一群主妇因为有了美的电饭煲以后，利用其预约定时功能而从厨房烦琐的“煮务”中解脱出来，有空闲玩起了足球的故事。主妇们个个球技娴熟、神态怡然，从画面中可以感受到她们轻松的生活方式，与广告主题语“美的电饭煲，更多先进功能，给你更多时间”相呼应，说出了消费者内心深处的期望。

广告创意须从消费者的角度设想，产品的卖点必须与消费者利益点相关。美的电饭煲有更多先进功能是产品的卖点，从“煮务”中解脱出来是主妇的利益点，满足了创意的“相关性”；主妇、家务、更多功能的电饭煲、踢球这些既有元素以新颖的形式组合在一起，满足了创意的“原创性”；用主妇踢球的方式去表达，主妇居然有时间踢球，一反常规的思维，而且该思维与前面的“相关性”“原创性”密切相关，满足了创意的“震撼性”。

二、广告创意的基本原则

任何创意都是对客体的反映。广告创意是表现客体的思维活动，它来自对商品、市场、竞争者、消费者，以及企业（或品牌）的内外营销环境的认知和把握。现代广告创作人员除遵循创意要表现广告主题这个根本原则以外，还要根据以下基本原则让创意感染受众并说服其产生购买行为。

（一）贴近生活

创意的本质是“来源于生活，但高于生活”，因此，广告创作要在生活中寻找创意元素与素材。如引子中的手电筒元素就来源于对生活的感知与积累。同时，广告内涵要基于人们对真、善、美精神层面的情感需求，这是获得成功创意的关键。也就是说，优秀的创意必须做到“言在其真，意在其善，境在其美”。

（二）精于文采

创意需要精妙绝伦的文案“画龙点睛”。优秀的创意需要唯美的画面来表现，精妙的文字标题更能让广告锦上添花，甚至让一个平庸的广告画面变得精彩绝伦，因此，广告创作时一定要把“语不惊人死不休”作为广告创意的座右铭。

（三）情理并重

要打动消费受众的心，不仅要动之以情，更要晓之以理，情理可以合二为一、相互辉映。也可以使诉求单一化，如要以情感人，则需直指人心，强力震撼人的情感，力求引发共鸣，以情动人，以情感人；如要以理服人，则要循循诱导，尽量使用行业专业术语、数据、研发成果，甚至让专家、名人、消费者现身说法，强调讲事实、呈证据。

（四）突破常规

创意是一种创造性的思维劳动，它与艺术创作如出一辙，不能墨守成规，要敢于突破，把常人想不到的创意变为现实，因此，创意人员必须把“标新立异，敢为人先”作为创意工作的标准。创意过程中立意要新颖，用语要巧妙，视觉画面要有冲击力，表现形式要唯美，只有这样的广告才是好作品。

（五）意境深远

意犹未尽，回味无穷，让人久久不能忘怀。许多享誉国内外的经典广告创意，都有一个共同点，那就是内涵丰富，让人浮想联翩，这也是许多经典广告成功的秘密。广告诉求不在明言直说、平铺直叙，而是意在言外。创意表现时应犹如诗人作诗，真正达到“意中有景，景中有意”的创作境界。

（六）敢于幻想

思想没有疆界，“没有做不到，就怕想不到”，敢于幻想是创造性想象的一种特殊形态。幻想的过程是广告创作人员根据自己所收集的材料进行想象构思的过程。经常保持富有创造性的、积极的幻想，可以使广告创作人员展望和预见未来，可以把一个个鲜活的创意、点子、构想引入瑰丽神奇的意境之中。因此，坚持创造性的、积极的幻想，是推动创意活动从萌芽状态发展到完整、成功的主要原则之一。

（七）善于洞察

洞察和感知，是广告创作人员必须具备的能力之一。观察生活中一切有意义的人和事，洞察别人忽视的关键点和细节，善于捕捉人性的美。把收集创意素材并进行整理和积累当成工作与生活习惯，这是让创意如泉涌的方法之一，如观察市场、洞察竞争品牌、熟知消费者心理等，平时注意对素材的积累和对创作的想象是广告创作人员创作的重要手段。只有通过观察才有可能促使头脑中产生回忆、联想、类比的思维活动，并在想象过程中激发出卓越的创造力。

任务二　广告创意的前期工作

一、客户沟通

客户沟通的形式通常为广告主与广告代理商之间的广告意向沟通会议。与客户的相关负责人沟通关于产品特性、销售状况、通路状况、市场状况、行业趋势、营销目标、品牌策略、消费受众、竞争品牌等的情况，还要了解客户对广告委托的时间期限、效果期望、资金投入预算等内容。同时，以会议形式促使相关人员迅速进入项目运作状态。

参与人员：广告主高层代表、广告公司客户总监、客户专员。

二、项目讨论

本步骤一般是广告公司相关主创人员的内部讨论，讨论内容包括：检查资料的完整性，决定是否需要调查或搜集其他资料；讨论与评估需要投入的人员、时间、费用，决定是否需要动用外部资源（比如调研咨询、图片、摄影、明星经纪等）。

参与人员：公司高管、策略总监、设计总监、创意总监、客户总监、市场调研总指导、流程管理专员等。

三、立项会议

召开正式立项会议标志着接受广告主的委托后，广告公司正式启动服务机制，并由此把广告代理的各相关项目提上工作日程。此阶段的会议需达成以下三个议题目标：

（1）成立专项小组，同时明确项目组成员的人数、职能与权利（形成项目总监负责的运作机制）；

（2）必须排定工作进度，制定内容考核标准和时间进度要求，形成工作项目划分、鉴定及运作机制；

（3）确定广告创意活动从调研到分析、从构思到发展、从确定到执行、从创作到制作、从制作到提案、从传播到评估、从评估到总结等环节的人员、时间、职能的安排。

参与人员：公司高管、行政总监、财务总监、策略总监、设计总监、创意总监、客户总监、市场调研总指导、流程管理专员等。

四、策略发展

讨论研究经过市场调研后得出的初步分析以及看法，初步讨论广告目标、消费对象、竞争品牌的优劣势，确定策略方向与广告定位，商讨广告策略、广告形式，初步确立广告目标。同时，对创意方向、表现形式、创作思路、广告传播功能及角色等方面的内容也要进行有效探讨和明确界定。

参与人员：策划总监、创意总监、客户总监、创意指导、市场调研总指导、策划专员、资深设计人员等。

五、策略形成

广告策略的形成包括两部分：第一部分一般由广告主完成，或者由广告主主导、广告代理商协助完成，其中包括品牌目标策略、营销策略、销售策略、行销策略等；第二部分主要由广告代理商完成，主要包括 USP 促销策略、创意策略、广告策略、媒体策略等。

参与人员：策划总监、创意总监、客户总监、创意指导、市场调研总指导、策划专员、客户、媒体策划、文案策划等。

六、策略审核

策略审核主要由广告资深人员和公司高管完成。策略审核是广告创意活动中至关重要的环节，所以策略审核必须慎之又慎，必须考虑到策略的正确性、纲领性以及可执行性，通常以策略审核会议的形式进行，可邀请广告主的主要代表或者客户总监代表客户参与审核，目的是确保策略的精确性及可执行性。确定策略后，筹划其他相关后续工作。

参与人员：客户总监、策略总监、创意总监、市场调研总指导、媒体总指导、广告主代表、公司高管等。

七、策略确定

策略是整个广告活动需长期贯彻执行的指导标准和核心，必须是由广告主与广告公司共同确定并一致认定的。策略认定以后，需根据广告创作类别创作创意简报，比如平面创意简报、影视创意简报等。创意简报明确后，必须经广告主或者客户代表，策略、创意、流程管理等相关人员签名认可，它是指导创意的纲领性文件，是后续广告创意审核的标准和依据。

参与人员：客户代表、策略总监、创意总监、设计总监、媒体总指导、流程管理专员等。

任务三　广告创意的形成

创意形成环节是非常重要的过程，这个阶段需要由资深广告人指导并参与，要按照创意的若干方法组织相关人员进行头脑风暴、集体创作。同时，严格根据创意简报的策略指导来决定创意发展正确与否，并且执行与广告活动相关的各类创意，如电视、报纸、杂志、广播、POP 等。此时需组织创意审核会对提案前的创意作品进行最终审核。

参与人员：策略总监、创意总监、客户总监、创意人员、美术指导等。

在创意思考阶段，主要有两个选择流程：选择创意思考方法；选择创意类型。

一、选择创意思考方法

（一）集体思考法

集体思考法是指通过集思广益进行创意的方法，是广告创意思考方法中最常用的方法之一。该方法于 20 世纪 70 年代由美国 BBDO 广告公司副总经理奥斯本提出，后在广告界广为流行。此方法具有以下五大特征：集体创作、思考的连锁反应、禁止批评、创意量多多益善、不介意创意的质量。

集体思考法是为适应日益复杂的经济社会发展而产生，并得以广泛运用的。正如前面所讲，随着广告行业的发展日趋成熟，现代社会的广告创意活动已经不再是以前靠个人

“天才”创作，或者“拍脑袋”想点子所能够完成的了，而往往需要集体智慧、团队思考、集体合作才能完成。

（二）水平和垂直思考法

水平和垂直思考法是英国心理学家爱德华·戴勃诺博士所倡导的广告创意思考方法，因此，此方法通常又被称作戴勃诺理论。这种方法把人的思考法分为两种类型：一种是水平思考法；另一种是逻辑的思考和分析法，即垂直思考法。

1. 水平思考法

水平思考法是指在条件接近的情况下，对相似事物的发展情况进行比较，从中找差距，发现问题、解决问题，没有顺序，也不可预测。

2. 垂直思考法

垂直思考法：在一种结构范围内，按有顺序的、可预测的、程序化的方向进行思考，是符合事物发展方向和人类习惯的思考方式，遵循由低到高、由浅到深的原则，思维脉络清晰，符合逻辑，顺着一条思路向下延伸，直到找到答案。如建塔、挖井一般，具有连续性、方向性。

（三）跳跃联想法

跳跃联想法是指在进行广告创意时，为了找到令人惊异的构思，而在看似毫无关联的两个问题之间构想出特定关系。这种方法靠跳跃产生联想，而不是固定自己思考的基准点。

（四）转移经验法

转移经验法是指把一种知识或经验转移到其他事物上的思维方法。经验的转移既可是同类、同质经验的转移，也可是异类、异质经验的转移。

二、选择创意类型

创意并不是像天马行空一样无规律可循，只要我们把握了创意的类型，并在实际工作中根据具体情况灵活使用，创意就会像泉水一样在我们的脑海里涌出。

（一）情报型

这是最常用的广告创意类型。它以展示广告商品的客观情况为核心，表现商品的现实性和真实性本质，以达到突出商品优势的目的。

小案例

红牛饮料平面广告文案

广告语：轻松能量，来自红牛。

标题：还在用这种方法提神？

正文：都新世纪了，还在用这一杯苦咖啡来提神？你知道吗，还有更好的方式来帮助你唤起精神。全新上市的强化型红牛功能饮料富含氨基酸、维生素等多种营养成分，更添加了8倍牛磺酸，能有效激活脑细胞，缓解视觉疲劳，不仅可以提神醒脑，更能加倍呵护你的身体，令你随时拥有敏锐的判断力，提高工作效率。

醒题：迅速抗疲劳，激活脑细胞。

（二）比较型

这种类型的广告创意是指以直接的方式，将自己品牌的产品与同类产品进行优劣的比较，从而引起消费者注意和认牌选购。所比较的内容最好是消费者所关心的，而且要在相同的基础或条件下进行比较，这样才更容易引起消费者的注意和认同。

比较型广告创意的具体应用就是比较广告。在进行比较型广告创意时，可以针对某一品牌进行比较，也可以对普遍存在的各种同类产品进行比较。比较型广告创意要遵从有关法律法规以及行业规章，要有一定的社会责任感和社会道德意识，避免给人以不正当竞争之嫌。在我国，对于比较广告有严格的要求，所以在进行比较型广告创意时一定要慎之又慎，不要招惹不必要的麻烦或纠纷。

（三）戏剧型

这种广告创意类型既可以通过戏剧表演形式来推出广告品牌产品，也可以使广告表现戏剧化和情节化。在采用戏剧型广告创意时，一定要注意把握戏剧化的程度，否则容易使人只记住广告创意中的戏剧情节而忽略广告主题。

小案例

以下广告通过戏剧表演形式来推出广告品牌产品。

露天舞台上，一队弓箭手在紧密的锣鼓声中猫腰行走。哒——随着一阵响板，红脸关公走上戏台。一声锣响，关公猛一转脸、亮相。锣鼓声更加激烈，弓箭手们将羽箭纷纷射出。关公手舞大刀，上下左右挥动，密集的羽箭触刀而落。锣鼓声渐弱，台下传来噼里啪啦的声音，关公在转身之余朝下一瞥，眼中闪过疑惑的神色。关公大喝一声："停!"锣鼓声停，镜头转向台下看戏的人们——人们已不在看戏，而是在不停地拍打身上的蚊子。关公怒喝一声，从怀中掏出一根长鞭挥向空中。长鞭在空中来回抽动，犹如闪电，蚊子纷纷坠落。台下观众报以热烈的掌声。众弓箭手趋步向前，冲关公一抱拳："这是什么兵器?"关公一抖腕子，细长的鞭子在空中变化，最后变成一盘蚊香落在掌上："哈哈！斑马牌蚊香!"

画外音：斑马牌蚊香，湖南××企业。

（四）故事型

这种类型的广告创意是指借助生活、传说、神话等故事内容的展开，在其中贯穿有关品牌产品的特征或信息，借以加深受众的印象。由于故事本身就具有自我说明的特性，易于让受众了解，使受众与广告内容发生连带关系。在采用这种类型的广告创意时，对人物择定、事件始末、情节跌宕都要做全面的统筹，以使在短暂的时间里和特定的故事中，有效地宣传广告主题。在我国的电视广告中，不少是故事型的广告创意，如南方黑芝麻糊广告、孔府家酒的广告、沱牌酒的广告等。

小案例

箭牌衬衫广告

我的朋友乔常常说，他死后愿意变成一匹马。

有一天，乔果然死了。五月初我看到一匹拉牛奶车的马，看起来很像乔。我悄悄地凑上去对他耳语："你是乔吗?"

他说："是的，现在我很快乐!"

我说："为什么呢?"

他说："我现在穿着一件舒服的衬衫，这是我有生以来的第一次。以前我衬衫的领子经常收缩，简直是在谋杀我。事实上有一件让我窒息死了，那就是我死的原因。"

"天呐，乔!"我惊讶失声，"你为什么不把衬衫的事早点告诉我，那样我就会告诉你关于箭牌衬衫的事。它们永远合身而不收缩，甚至织得最紧的深灰色棉布也不收缩。"

乔无力地说："唉！深灰色棉布是最会收缩的了!"

我回答说："可能是，但我知道箭牌衬衫的'戈登标'是不收缩的。我正穿着一件。它经过机械防缩处理，收缩率连1%都不到！此外，还有箭牌所独有的'迷陶戛'特适领！'戈登标'每件只卖二十美元!"

乔说："真棒，我的老板正需要一件那样的衬衫。我来告诉他'戈登标'的事，也许他会多给我一夸脱燕麦。天呐，我真爱吃燕麦呀!"

（五）证言型

这种广告创意有两层含义：一是援引有关专家、学者或名人、权威人士的证言来证明广告商品的特点、功能以及其他事实，以此来产生权威效应。苏联心理学家肖·阿·纳奇拉什维里在其《宣传心理学》中说："人们一般无条件地、毫不批判地接受来自权威的信息。"这揭示了这样一个事实：在其他条件相同的状况下，权威效应更具影响力，往往起主导作用。二是援引社会大众的证言。此类证言必须基于自己的客观实践和经验，不能想当然和妄加评价。许多国家对于证言型广告都有严格限制，以防止虚假证言对消费者的误导。

小案例

力士香皂广告

某著名演员：芬芳柔润的力士香皂，是我每日美容护肤的必需品。力士香皂泡沫特别丰富，清洁滋润，令肌肤柔美嫩滑，分外迷人。

（六）拟人型

这种广告创意以一种形象表现广告商品，使其带有某些人格化特征，即以人物的某些特征来形象地表现商品。这种类型的广告创意可以使商品形象生动、具体，给受众以鲜明的、深刻的印象，同时可以用浅显常见的事物对深奥的道理加以说明，帮助受众深入理解。

小案例

DIPLOMA 奶粉广告

标题：试图使他们相会？

正文：

亲爱的扣眼：

你好，我是纽扣。

你记得我们已经有多久没在一起了吗？尽管每天都能见到你的倩影，但肥嘟嘟的肚皮横亘在你我之间，让我们犹如牛郎与织女般不幸。不过在此告诉你一个好消息，主人决定极力促成我们的相聚，相信主人在食用 DIPLOMA 脱脂奶粉后，我们不久就可以天长地久，永不分离。

（七）类推型

这种类型的广告创意是指以一种事物来类推另一事物，以显示出广告产品的特点。采用这种创意，必须使所诉求的信息具有相应的类推性。

小案例

一个汽车辅助产品的广告用类推的方法创作其广告语：“正如维生素营养你的身体，我们的产品可营养你的汽车引擎。”

（八）比喻型

比喻型广告创意是指采用比喻的手法，对广告产品或服务的特征进行描绘或渲染，或用浅显常见的道理对深奥的事理加以说明，以达到帮助受众深入理解，使事物生动具体，给人以鲜明深刻的印象的目的。比喻型的广告创意又分明喻、暗喻、借喻三种形式。例如，皇家牌威士忌广告采用明喻，广告语为：“纯净、柔顺，好似天鹅绒一般。”塞尼伯里特化妆公司粉饼广告采用暗喻，广告语为：“轻轻打开盒盖，里面飞出的是美貌。”

（九）夸张型

夸张是指为了表达上的需要，故意言过其实，对客观的人、事物尽力做扩大的描述。夸张型广告创意是指基于客观真实的基础，对商品或服务的特征加以合情合理的渲染，以达到突出商品或服务的本质与特征的目的。采用夸张型的手法，不仅可以吸引受众的注意，还可以取得较好的艺术效果。

（十）幽默型

幽默是指借助多种修辞手法，运用机智、风趣、精练的语言所进行的一种艺术表达。采用幽默型广告创意，要注意语言应该是健康、愉悦、机智和含蓄的，切忌使用粗俗、令人生厌、油滑和尖酸的语言。要以高雅风趣的形式表现广告主题，而不是一般的俏皮话和耍贫嘴。

（十一）悬念型

悬念型广告是指以悬疑的手法或猜谜的方式调动和刺激受众的心理活动，使其产生疑惑、紧张、渴望、揣测、担忧、期待、欢乐等一系列心理，并使之持续和延伸，以达到释疑团而寻根究底的效果。

（十二）意象型

意象即意中之象，它是一些主观的、理智的、带有一定意向的精神状态的凝结物和客观的、真实的、可见的、可感知的感性征象的融合，是一种渗透了主观情绪、意向和心意的感性形象。意象型广告创意是把人的心境与客观事物有机融合的产物。采用意象型广告创意时，往往花很多的笔墨去反映精神表现，即“象”，而最后主题的申明仿佛弱化了，其实对受众来说，自己可以理解其内涵，即“意”。意与象具有内在的逻辑关系，但是在广告中并不详叙，而是受众自己去品味“象”，进而明晓内在的“意”。可见，意象型广告创意实际采用的是超现实的手法去表现主题。

（十三）联想型

联想是指客观事物的不同联系反映在人的大脑里而形成了心理现象的联系，它是由一事物的经验引起回忆另一看似不相关联的事物的经验的过程。联想出现的途径多种多样，可以是在时间或空间上接近的事物之间产生联想；在性质上或特点上相反的事物之间产生联想；在形状或内容上相似的事物之间产生联想；在逻辑上有某种因果关系的事物之间产生联想。

小案例

浙江信联轧钢厂影视广告

广告画面中，一个中国面点师在认真地和面，片刻间，面点师娴熟地甩出了匀称顺滑的拉面。镜头在拉面甩制过程的特写和轧钢出炉的特写之间来回切换，屏幕上出现字幕：“Steely noodle? Or noodly steel?”（筋骨似钢的拉面？抑或韧似拉面的轧钢条？）镜头切换至火红的轧钢圈特写，最后出现字幕：“ZHEJIANG XINLIAN STEEL ROLLING MILL”（浙江信联轧钢厂）。

（十四）抽象型

抽象是与具象相对应的范畴，它是隐含于具体形象内部的质的规定性。在广告创意中采用抽象型的表现方法，是现代广告创意活动的主要倾向之一。也就是说，在现代广告主题的创意表现上，越来越多的广告主和广告公司并不以广告的具体形象的表现为主调，而更多地采用抽象式的内涵来表现。这种创意展示在社会公众面前，从直观上难以使人理解，但一旦加以思维整合，就会发现广告创意的确不凡。

（十五）其他类型

广告创意并不局限于以上所列示的类型，还有解说型、宣言型、警示型、质问型、断定型、情感型、理智型、新闻型、写实型等，在进行广告创意活动时，均可灵活地加以采用。

任务四 广告创意的执行

一、正式提案

提案的成功与否不仅取决于创意作品的优劣，还与提案的环境、提案人员、提案策略以及提案形式密切相关。一些大型项目的提案会议，还需要提前筹划、反复演练、精心准备，甚至需要租用专业会议场所，投入巨资模拟广告现场。如果说广告创作的过程是十月怀胎，那么提案会就如临盆分娩，由此可见提案的重要性。提案内容一般包括整体规划、年度或者季度计划、单项广告方案等。任何提案都必须以策略为依据、以市场促销为目的、以消费者需求为导向。

参与人员：广告主高层、客户代表、策略总监、创意总监、客户总监、创意人员、美术指导等。

二、效果测试

效果测试的内容与方法视目的而定，实施时间亦因目的而不同。

参与人员：客户代表、业务总监、市场调研总指导、创意总监、策略总监。

三、执行制作

平面作品完成后，由相关作业人员负责制作，一般会涉及菲林输出、打样、印刷、后期工艺制作等环节，每个环节都需由相关人员签署，并经客户最后签字确认。影视、动画或广播广告需由相关制片专业人员监督制作完成。

参与人员：客户专员、业务主任、设计人员、电脑制作人员、印刷制作人员或者影视摄像人员、编辑人员、三维动画制作人员等。

项目小结

● 广告创意是为了确立和表现广告主题而进行的一种创造性思维活动。换言之，广告创意是为了使广告传播达到广告目的，运用艺术手段而思考出来的富有创造性的主意、意念、主张或新奇的点子。它是介于广告策划和广告制作之间的艺术构想活动。

● 广告创意的七大基本原则：（1）贴近生活；（2）精于文采；（3）情理并重；（4）突破常规；（5）意境深远；（6）敢于幻想；（7）善于洞察。

● 广告创意的基本思考方法：集体思考法、水平和垂直思考法、跳跃联想法 、转移经验法。

● 广告创意的 15 个类型：（1）情报型；（2）比较型；（3）戏剧型；（4）故事型；（5）证言型；（6）拟人型；（7）类推型；（8）比喻型；（9）夸张型；（10）幽默型；（11）悬念型；（12）意象型；（13）联想型；（14）抽象型；（15）其他类型。

案例分析

由指导教师将学生分成小组，小组自行查找宝马、福特、奥迪汽车广告创意相关资料，并进行分析。要求学生具备进行广告创意的能力、综合分析思考的能力、大局意识和团队合作精神。

基本训练

1. 训练类型

模拟项目导入：某饮料公司计划推出一款富含多种维生素，并具有迅速补充体力功效的功能型饮料产品，要求提出 2 款广告短片或者产品广告海报（海报可以用文字大致描述一下）创意。广告创意的要求如下：

（1）目标市场：各大专院校。

（2）目标消费群：14～28 岁青年。

（3）产品名称：“健力 V2”。

（4）广告要求：《运动篇》与《校园篇》。

2. 训练说明

请指导教师将学生分成小组进行实训。

3. 广告创意实训考核表

<table>
<tr><td colspan="2">项目名称</td><td colspan="6">广告创意实训</td></tr>
<tr><td colspan="2">实训类型</td><td colspan="2">模拟项目</td><td>实训地点</td><td colspan="3">多媒体教室</td></tr>
<tr><td>姓名</td><td colspan="2"></td><td>实训内容</td><td></td><td>指导教师</td><td colspan="2"></td></tr>
<tr><td colspan="4">评价内容</td><td colspan="3">成绩评定标准</td><td>成绩</td></tr>
<tr><td colspan="4">提交广告创意文字稿，附小组评议，该成绩占个人成绩的 50%</td><td colspan="3">1. 根据该广告创意的要求，提交广告创意的相关计划，并根据广告创意的工作流程，尝试制定出该广告活动创意运作的相关工作流程。工作流程必须明确时间、进度、责任人、职能、岗位工作目标等内容
2. 根据该广告要求的创意核心与诉求目标，提出广告中需实现的创意目标，制定出广告创意创作流程，并执行广告创意的创作</td><td></td></tr>
<tr><td colspan="4">每个人提交一份实训总结报告，该成绩占个人成绩的 50%</td><td colspan="3">1. 必须涵盖对于此次实训过程的描述和此次实训的经验总结
2. 不得少于 500 字</td><td></td></tr>
<tr><td colspan="7">总成绩</td><td></td></tr>
</table>

【注意】

（1）以上所有作业一律使用 A4 纸，手写、打印都可以。如打印，标题用三号字、正文用小四号字，在每页的页脚中的位置标明页码。

（2）所有作业按页码顺序装订成册存档，无存档资料为无效实训。

项目七 广告制作

引子：

劳斯莱斯汽车的广告文案

标题：当这辆新型的劳斯莱斯以时速60英里行驶时，最大噪声来自车内的电子钟

次标题：什么原因使得劳斯莱斯成为世界上最好的车子？

一位知名的劳斯莱斯工程师说："说穿了，就是耐心地注意到细节。"

1. 在时速60英里时，最大噪声来自电子钟，由于有三个消音装置消除了噪声，引擎出奇的寂静。

2. 每个引擎在安装前都先以最大马力开足7小时，而每辆车子都在各种不同的路面试驾数百英里。

3. 劳斯莱斯是为车主自己驾驶而设计的，它比国内制造的最大型车小18英寸。

4. 本车有机动方向盘、机动刹车及自动排挡，极易驾驶与停车。

5. 除驾驶速度计之外，在车身与车盘之间互相无金属衔接，整个车身都加以封闭绝缘。

6. 制作完成的车子最后要在测验室经过一个星期的精密调整。在这里车子受到98种严苛的考验，例如工程师们会使用听诊器来听轮轴所发出的低弱声音。

7. 劳斯莱斯保修三年，经销网及零件站遍布全国，在维修上不再有任何麻烦了。

8. 著名的劳斯莱斯标志图案，除亨利·莱斯在1933年时把红色字母"RR"改为黑色外，从来没更改过。

9. 汽车车身先涂5层底漆，再涂14层油漆，每次都用人工抛光。

10. 移动方向盘柱上的开关能够调整减震器以适应道路状况，使得驾驶不觉疲劳，是本车的显著特色。

11. 车上安装有后车窗除霜开关，控制着1 360条隐藏在车窗玻璃中的热线网。车内备有两套通风系统，可关闭全部车窗而调节空气，以求舒适。

12. 座位垫面由8头牛的皮制成——足够制作128双牛皮鞋。

13. 镶贴胡桃木的野餐桌可从仪器板下拉出，另外有两个餐桌可以从前座后面旋转

出来。

14. 可任选下列额外配置：咖啡机、电话自动记录器、床、盥洗用冷热水系统、电动刮胡刀等。

15. 只要压一下驾驶座下的橡木板，就能给整个车底盘加润滑油。仪表盘上的计量器可显示机油的存量。

…………

这是一则直销式广告文案，其中用尽可能详细而实在的语言对广告产品的各类信息进行了解释，给受众以更多的信息。因为，劳斯莱斯汽车所具有的优越性能不是简单的几句广告语就能解释清楚的。

理论目标

1. 了解广告文案的含义、分类及基本结构，掌握广告文案写作的基本要求。
2. 了解五大媒体广告的制作过程，并理解广告制作时的注意事项。

能力目标

1. 能够撰写广告文案。
2. 能够制作五大媒体广告。

任务一　广告制作概述

消费者是通过广告作品来接收广告信息的。好的广告创意如何转化成广告作品呢？这就需要广告制作。

广告制作是指通过各种表现手法和技巧将观念形态的广告创意根据媒体的特点转化为具体、形象、直观的实物形态的广告作品。广告制作应力求真实，同时也要讲求思想性、艺术性，兼顾经济效益与社会效益。

广告制作的好坏直接影响着广告作品的艺术感染力，而广告作品的艺术感染力是驱动消费者产生购买行为的因素之一。因此，企业广告部除选择好的制作单位来制作广告以外，还要制定相应的广告作品验收标准，同时也要通过事前广告效果的评估来检测广告作品，在投放于媒体前严把质量关。

广告制作是以媒体的特点为前提的，媒体不同，广告制作就有不同的程序和要求。本项目重点介绍报纸、杂志、电视、广播、网络广告的制作过程和应该注意的问题，以及所有的广告制作都要有的文案制作的相关知识。

? 小思考

广告创意与广告制作的区别在哪里？

任务二 广告文案制作

一、广告文案的含义

所有的广告作品都需要文案，广告文案是广告制作的重要组成部分，广告文案有广义和狭义之分。

广义的广告文案是指广告作品的全部，包括文字、图画、色彩等。

狭义的广告文案仅指广告作品中的语言文字部分，具体包括标题、正文、口号等。

二、广告文案的分类

广告文案根据不同标准，可以分为不同的类别。

（一）按接受方式分类

1. 视觉广告文案

视觉广告文案是指应用于报纸、杂志、路牌等视觉媒体上的广告文案，特点是以文字和图片来传递广告信息，对文案的创作要求是简洁明快、内涵丰富、图文并茂。

2. 听觉广告文案

听觉广告文案是指应用于广播等听觉媒体上的广告文案，特点是能将语言、音乐、音效三者有机结合，广告表现力强、声情并茂。

3. 视听广告文案

视听广告文案是指应用于电视、电影、互联网等视听媒体上的广告文案，特点是生动形象、表现力强。

（二）按表现形式分类

1. 广告小品文案

广告小品文案就是通过完整的故事情节来表现广告内容的文案。这类广告作品形象鲜活、趣味性强，能引起人们的注意和兴趣，增强人们对广告的记忆。

小案例

某品牌男装电视广告文案

镜头一：一个小男孩牵着爸爸的手在游乐园逛着。小男孩被游乐园里许多新奇的东西迷住了。（画外音：今天星期天，是我非常快乐的一天，爸爸终于有时间带我来游乐园玩了，我们玩了过山车、碰碰车，还看了海豚表演……）

镜头二：小男孩不知不觉撒开了爸爸的手，专注地看着小丑表演。当他发觉后赶忙下意识地拉着旁边"爸爸"的手走着。

镜头三：那位"爸爸"停下来了，朝他微笑着。这时他看清了那位"爸爸"的脸："哦！原来我牵错手了。"小男孩露出一副尴尬的神情。

镜头四：小男孩的爸爸在不远处叫他，拿着冰激凌向他走过来。小男孩害羞地对那位"爸爸"说："我爸爸穿着和你一样的衣服。"说完就笑着跑到他爸爸那儿去了。

广告语：美丽的错误，在×××（品牌名）身上发生。

2. 广告解说文案

广告解说文案就是用解说词介绍商品或企业的文案，特点是语言平铺直叙、简洁明了。

3. 广告诗歌文案

广告诗歌文案就是用诗歌的体裁、形式写作的广告文案，特点是语言精练、朗朗上口、含义深刻、回味无穷。

小案例

某楼盘的广告文案

用窗外行云流水的自在和明窗大户的豁达，让您走进自然的生活！

让呼吸融于社区30%的绿化面积里！

让眼睛陶醉在由蜿蜒的小道、草坪、花圃、灌木、乔木形成的层次丰富的园林景观里！

让耳朵倾听深灰色古栈道与金属立柱灯进行的历史与现代的奇妙对话！

让窗前浸染上江水曼妙的蓝色、树叶欲滴的青翠、古纤道深沉的灰色、晚霞温柔的红色、朝阳热烈的金色！

总之，让生活感动在×××（楼盘名）里！

4. 广告剧文案

广告文案就是以广告电视剧、小电影的形式呈现的广告文案。广告剧的创作一般先由文案创作人员描写出人物形象、故事情节，再由美工人员进行分镜头的创作，编写分镜头剧本，最后由导演完成拍摄。

5. 广告画文案

广告画文案就是广告画加上文字说明的广告文案，要求说明文字与画面水乳交融、相辅相成，文字起到画龙点睛的作用。

6. 综合性广告文案

综合性广告文案就是在创作中采用两种或两种以上艺术表现手法的广告文案。

三、广告文案写作的基本要求

（一）能吸引人们的注意力

人们每天要接触大量信息，一则广告能否被注意到，是广告效果能否实现的关键。因此，广告文案首先要抓住人们的注意力。广告文案从标题到正文要层层引导消费者阅读完全文，从而将主题灌输到消费者脑海里。

小案例

××集成厨房广播广告文案

蟑螂：我是蟑螂，我最近饿坏了！我住的地方换了××整体厨房，一点脏东西都没有，好可怜啊！看来又得搬家啦……人们怎么都用××整体厨房啊？

女：拥有一套整体无污染的厨房吧，漂亮、健康！老公也爱下厨房！

广告语：集厨具之大成——××集成厨房！

（二）准确规范，主题鲜明

准确规范是广告文案的最基本要求。广告文案中的语言表达要规范完整，避免语法错误；用语要准确无误，符合语言表达习惯，避免产生歧义或引起误解；避免使用生僻以及过于专业化的术语。

为了便于公众理解，广告文案必须做到主题鲜明。由于广告容量有限，鲜明的广告主题能强化广告的感染力。另外，选用的文字材料要与主题一致，才能有效地突出主题。

（三）言简意赅，生动形象

广告文案的语言要简明扼要、精练概括，以较少的语言表达广告的精髓，因为简明精练的广告语言有助于吸引注意和便于记忆。广告语言要生动形象，才能吸引注意、激发兴趣。比如：麦当劳的广告语“我就喜欢”言简意赅，生动形象。为了增强生动性，广告文案一般配有辅助图像。

（四）优美动听，便于记忆

广告文案的语言要优美、流畅、动听，激发公众的美好联想，使其易识别、易记忆和易传播，从而突出广告定位，表现广告主题和广告创意，产生良好的广告效果。

（五）记忆点要与产品的卖点相吻合

曾经有人对“双汇火腿肠”进行广告记忆点的调查，结果显示人们对广告中的葛优有记忆点，而对产品却没有记忆点。“康师傅红烧牛肉面”的广告语“好吃看得见”，则将记忆点与产品的卖点相吻合，达到了很好的传播和销售效果。

四、广告文案的基本结构

广告文案没有统一的格式，一篇完整的广告文案通常由标题、正文、口号（广告标语）、附文等几部分组成。

（一）标题

广告标题就是广告的题目，是广告文案内容的高度概括。

心理学研究表明，人们观察事物时，在开始的几秒钟注意力最强。所以，广告创作必须重视标题，毕竟“好的开端是成功的一半”。

（二）正文

广告正文就是详细介绍广告宣传内容的文字部分。

广告正文是广告主题的具体表现，对宣传广告信息、树立产品形象和推动公众购买具有决定性作用。

广告正文写作的注意事项有：要清晰地表明广告的诉求对象和诉求内容；采用通俗易懂的语言；要以确切的证据和可信的证言进行支持；增强说服性和情感交流。

（三）口号

广告口号，又叫广告标语，一般是由几个词组成一句能够渲染主题的话。广告口号有助于促进商品、服务、企业形象信息的广泛传播。

广告口号的主要特征：警示性、概括性和重复性。

（四）附文

广告附文是在广告正文之后向受众传达企业名称和地址、购买商品或接受服务的方法的附加性文字，也称广告随文。广告附文对广告正文起补充和辅助的作用，帮助受众产生固定性记忆。

任务三　报纸广告制作

一、报纸广告制作的流程

报纸是出现最早的大众传播媒体，也是最早向人们传播广告信息的正规化媒体。随着时代的发展，报纸的品种越来越多，内容越来越丰富，版式更灵活，印刷更精美，报纸广告的内容与形式也越来越多样化。

报纸广告在制作过程中，首先要进行广告创意，收集相关的材料和素材。其次要根据几个创意勾画不同的广告制作图样、确定广告表现方式、修改几个广告作品及定稿。在这个过程中需要有一些图片，所以也需要摄影和计算机软件的配合。最后从作品中选择一件最满意的作品拷成光碟交由报社排版印刷出来。

二、报纸广告制作的注意事项

（一）选择适合的时间和版面

报纸广告的时间选择十分重要，应根据广告主的销售计划和目标市场，并针对不同的目标客户，选择最佳时机刊登广告。如房地产信息、超市开业、商品特惠等广告会选择特定时间在多家媒体同时刊出广告，一般报纸广告应避开这些时间，如果在这些时间刊登广告会影响关注效果。另外，报纸广告还应视产品的不同，选择最合适的版面和位置，如运动用品广告刊登在体育版效果会更好。

（二）创意新颖

报纸广告处于平面静止的状态，如果不从创意上下功夫，必然会淹没在其他的广告中，不但达不到广告效应，反而成了其他广告的陪衬，使广告主的经营受损。因此，要使自己的广告在版面中脱颖而出，就应在广告的总体构思、图片、文字要素中注入情感因素，以拨动受众的心弦。

（三）编排具有艺术性

一般情况下，报纸的读者不会主动选择阅读广告。因此报纸广告就要充分运用编排技巧，吸引读者的目光，激起读者的阅读兴趣。

具体的编排方法主要有：应注意报纸广告同报纸内容、风格等方面的和谐一致；加强广告的视觉冲击力，如广告版面的编排应做到疏密相间，标题和主要信息突出，并且具有一定的空间感，可配以形象的插图或照片，增加广告的直观感；广告标题要精练清晰、一目了然。

任务四 杂志广告制作

一、杂志广告制作的流程

杂志是一种平面印刷广告媒体，种类繁多，影响较大，也是主要的广告媒体之一。印刷技术的发展，打破了以往的单纯平面设计模式，新的设计形式不断出现，这都体现了杂志广告的广阔前景。

杂志广告的制作和报纸广告制作类似，但由于杂志的印刷质量比较好，所以在广告表现上会更醒目，因此对广告图片的质量要求更高。

二、杂志广告制作的注意事项

杂志广告的制作要求能够充分地利用杂志媒体的优势，而避免其缺陷。因此，在杂志广告制作时要注意以下事项。

（一）选择适合的杂志

一般而言，专业性的产品选择专业杂志做广告为宜；大众化的日常生活用品和娱乐用品可选择生活性杂志或具有广泛影响的综合性杂志做广告。这样，可以有针对性地进行广告宣传，以便取得较好的广告效果。

（二）运用版面优势

尽量制作整版广告，在必要时不妨制作跨页广告。杂志中最引人注意的地方是封面和封底，其次是封二、封三，再次是中心插页。若在中心插页做跨页广告，可以增强广告关注度。

小知识

杂志广告版面可分为封面、封底、封二、封三、扉页、内页、插页。颜色上可以是黑白，也可以是彩色。版面大小有全页、半页，也有2/3、1/3、1/4、1/6页的区别。有时为了适应广告客户的要求，还可以做连页广告、多页广告，广告效果较强。

（三）运用精美的设计

杂志的优势在于印刷精美，因此，必须切实注意广告构图、设计的精细。最好能使用高清晰度的照片，图文并茂、色彩鲜明逼真的商品形象容易引人注目，激发购买兴趣。

（四）运用专业化设计技术

由于杂志的读者群具有一定的知识结构和欣赏习惯，杂志广告应用专业化的设计技术，可以使读者产生亲切感并容易接受广告信息，进而产生深刻印象。

任务五　电视广告制作

电视是目前最有影响力的媒体之一，而电视广告也几乎渗透到了每一个家庭。电视广告制作的一般流程如下：

（1）确认广告文案，进入准备拍摄阶段。

（2）制片估价，并确认制作合同。

（3）制作准备阶段。

（4）召开制作准备会。

（5）进行拍摄工作。

（6）初剪。

（7）A 拷贝。所谓 A 拷贝，就是经过初剪的没有视觉特效、音乐和旁白的版本。这是给客户用于审查制作成果的版本，只有客户认可了 A 拷贝以后，才能进入下一阶段。

（8）正式剪辑。这一阶段也被称为精剪阶段。根据客户对 A 拷贝提出的意见进行修改，将特技部分合成到广告片中，并为广告片配音。

（9）交片。将经过客户认可的广告片，以合同约定的形式按时地交到客户手中。

任务六　广播广告制作

由于新媒体的不断涌现，广播媒体面临着越来越多的挑战和冲击。广播广告的地位虽有所下降，但其凭借自身优势，在现代广告中仍发挥着重要的作用。

一、广播广告制作的流程

（一）准备阶段

在准备阶段，首先由广告公司从自己的员工中指定一位制作人或从外面聘请自由制作人，然后再由制作人根据脚本挑选录音棚和导演，决定演员，估算开支，并向广告主提出制作预算，征求他们的认可。

为了获得最佳音响效果，使用独立录音棚和寻找合适的演员非常重要。因为好的录音棚拥有经验丰富的音响导演、技师和先进的录音设备，而合适的演员是决定广播广告成败的关键因素。

（二）制作

根据广播广告的特点不同，录制的时间长短也不同。由于录音棚以小时为单位收费，因此准备阶段的排练就显得相当重要。

在录音时，人声演员和音乐演员都在录音棚内表演。录音棚的标准设备有麦克风、受话式耳机和话筒。广告公司制作人、导演和录音工程师坐在控制室里，监控录音棚里产生的所有声音。导演和录音工程师借助中央控制台控制声音，然后将声音送到相应的录音设备，在监控录音棚输送过来的声音时，他们要保证声音的音调和强弱符合播出要求。控制台还有合成功能，可以将现场音响与预备音响混合，供以后播出使用。

（三）后期制作

从录制的多个广告作品中挑选出录得最好的一版，再由录音工程师分别录制音乐、音效和人声，然后合成和润色，完成后期制作。

二、广播广告制作的注意事项

（一）选择适合的产品和播出时间

选择广播广告要考虑产品本身的性质，不是所有的产品都适合广播广告。广播广告适合那些需要详细介绍性能的产品，如果广告的诉求点放在产品能给消费者带来的享受和利益方面，选择广播媒体就不恰当。例如，医疗器械或医药广告，就适合选择广播媒体。广播媒体独有的强大互动性，不仅能使听众了解到产品的性质、功效等，还可以通过广播热线与专家进行沟通，大大增强了广告效果。

（二）注重声音效果

广播通过温暖又有个性的人声，创造了一个人性化的情感空间，广播广告很容易打动听众。在广播广告中声音的效果对广告效果影响很大，所以在广播广告的制作中要重视声音效果。

（三）要具有重复性和连续性

由于广播具有转瞬即逝的缺点，因此，在广播中要不断重复广告的关键字，如广告主的名称。广播广告因为无法保留作为将来购买的参考，所以必须长期连续播放，才能让目标听众熟悉并记住。

任务七 网络广告制作

一、网络广告制作的流程

网络广告指运用专业的广告横幅、文本链接、多媒体的方法，在互联网刊登或发布的广告。与传统的四大媒体广告相比，网络广告是实施现代营销媒体战略的重要一部分。目前，网络广告的市场正在以惊人的速度增长，网络广告发挥的作用越来越重要。

网络广告在制作过程中，除需进行广告创意、广告文案撰写以外，还要运用计算机技术进行图片和文字的输入、图形绘制和图像处理，以及制作网页动画和网页的链接。网络广告表现形式的发展速度很快，特别是网页动画技术的引进，使网络广告变得异常生动。

二、网络广告制作的注意事项

（一）设计统一的网页风格

网络广告通过返航按钮的设计，使用户可以自由翻看各页广告信息。一个企业站点上许多不同的网页可能表达不同的广告内容，所以必须设计统一的网页形式以体现统一的企业风格，提升广告传播的效果。

（二）突出形象表达

广告传播的目标之一就是树立企业与品牌的形象，在设计网络广告时，应将企业标志（标准字）以及企业的代表性商标置于页面的固定位置，统一网页版式，以引起视觉注意。

（三）合理设计网页间的链接

可以使用生动形象的图形设计导航按钮，这些小图形可以帮助用户理解按钮所指向的内容。同时，这些形式统一、编排整齐的图形按钮也增强了网页的美感。

在设计网页间的超级链接时，在每个页面顶部和底部建立分栏按钮总汇，可以方便用户随时切换。为了避免与页面内容混淆，可以使具有链接功能的文字或图片在亮度上与其他内容有所区别。

项目小结

● 广告制作是指通过各种表现手法和技巧将观念形态的广告创意根据媒体的特点转化为具体、形象、直观的实物形态的广告作品。

● 广告文案是广告制作的重要组成部分，广告文案有广义和狭义之分。广告文案根据接受方式的不同，分为视觉广告文案、听觉广告文案和视听广告文案；根据表现形式的不同，分为广告小品文案、广告解说文案、广告诗歌文案、广告剧文案、广告画文案和综合性广告文案等。

● 广告文案写作的基本要求：吸引注意力；准确规范，主题鲜明；言简意赅，生动形象；优美动听，便于记忆；记忆点要与产品的卖点相吻合。

● 广告文案由标题、正文、口号、附文等组成。标题就是广告的题目；正文就是详细介绍广告宣传内容的文字部分；口号是由几个词组成一句能够渲染主题的话；附文是在广告正文之后向受众传达企业名称和地址、购买商品或接受服务的方法的附加性文字。

● 报纸和杂志广告均属平面广告。在制作过程中，主要是进行广告创意、页面设计和页面排版。报纸广告制作时要选择适合的时间和版面，创意要新颖，编排要具有艺术性。杂志广告制作时要选择适合的杂志，运用版面优势进行精美设计，并尽量运用专业化设计技术。

● 电视广告的制作流程：确认广告文案，进入准备拍摄阶段；制片估价，并确认制作合同；制作准备阶段；召开制作准备会；进行拍摄工作；初剪；A 拷贝；正式剪辑；交片。

● 广播广告的制作流程：准备阶段、制作和后期制作。广播广告在制作时要选择适合的产品和播出时间，注重广播广告的声音效果，播出要具有重复性和连续性。

● 网络广告制作的流程：广告创意、广告文案撰写；运用计算机技术进行图片和文字的输入、图形绘制和图像处理；网页动画制作、页面链接制作等。网络广告在制作时要设计统一的网页风格，突出形象表达，合理设计网页间的链接等。

案例分析

Timberland 平面广告

第一幅平面广告为表现 Timberland 鞋的坚韧特性，采用了直接展示商品特点的手法，展示了一只皮鞋在水龙头下的特写镜头，照片色调处理得很质朴，饱和的色彩将林地鞋的质感表露无余。标题选用稳健结实的黑体字："如果想穿得长久，而且有粗犷美观的外观，只要加点水。"细密的说明文字进一步说明它的特点："水令一般的鞋起皱、开裂，却能令Timberland鞋更耐久、更美观，甚至更舒适……"中肯的语言将Timberland鞋坚韧的品质表现得淋漓尽致。

第二幅广告标题为："即使其他的鞋不能，Timberland鞋也可以在水中漫步。"直截了当地表明了Timberland鞋与众不同的特性，以及内在优良品质带来的自信。

Timberland鞋平面广告

资料来源：中国广告媒体网。

请分析该平面广告的文案及制作特点。

基本训练

1. 训练类型

(1) 模拟项目导入：为某公司系列笔记本电脑产品撰写平面和电视系列广告文案。

某公司在北京推出一系列用于营造精彩数字化生活的新型产品，包括：重新定义移动计算的新型钛金属便携式电脑PowerBook G4、配速高达733MHz的新型PowerMac G4、DVD制作的革命性新软件iDVD等。

其中，新型钛金属便携式电脑PowerBook G4配备速度可达500MHz的带有极速引擎的PowerPC G4处理器、15.2英寸超大屏幕、吸入式DVD驱动器和可连续工作5小时的电池，所有这些都囊括在仅1英寸厚、5.3磅重的钛金属外壳中。PowerMac G4系列电脑的处理器有466MHz、533MHz、667MHz和733MHz四个品种，内存128～256MB，并可扩展至1.5GB，硬盘驱动器容量高达60GB。

(2) 真实项目导入：与具体企业合作撰写各种媒体广告文案。

2. 训练说明

(1) 组成提案小组：每组5～8人，分别负责创意、艺术加工、媒体表现设计等工作，设组长一名，负责全组工作。

(2) 制定时间表：在规定时间内，各组要在指导下完成时间计划表中的各工作步骤。

(3) 评议制度：各组将作品提交后，由各组长和指导教师组成评委会对作品打分。

3. 广告文案实训成果表

<table>
<tr><td colspan="2">项目名称</td><td colspan="5">广告文案实训</td></tr>
<tr><td colspan="2">实训类型</td><td colspan="2">模拟项目/真实项目</td><td>实训地点</td><td colspan="2">多媒体实训室/广告公司</td></tr>
<tr><td>姓名</td><td colspan="2"></td><td>实训内容</td><td></td><td>指导教师</td><td></td></tr>
<tr><td colspan="4">评价内容</td><td colspan="2">成绩评定标准</td><td>成绩</td></tr>
<tr><td colspan="4">以小组为单位提交广告文案，该文案成绩占个人成绩的50%</td><td colspan="2">广告创意占50%，艺术表现占30%，语言文字占20%</td><td></td></tr>
<tr><td colspan="4">每个人提交一份实训总结，该总结成绩占个人成绩的50%</td><td colspan="2">1. 必须涵盖对此次实训过程的描述和此次实训经验总结
2. 不得少于500字</td><td></td></tr>
<tr><td colspan="6">总成绩</td><td></td></tr>
</table>

【注意】

(1) 以上所有作业一律使用A4纸打印，版面自行设计。

(2) 所有作业按代码顺序装订成册存档。

项目八 广告媒体

引子：

立体式覆盖："冰到你抖"

雀巢冰极冰爽茶上市之前，对目标群体媒体接触行为进行了研究，确定了以下媒体策略。

根据市场潜力分布和目标群体收视习惯，选择最优化的电视媒体发布广告。同时，借助网络平台，创造各种消费者参与的形式（精彩结局DIY、获奖者感言、今夜梦想大评选等），实现与网络的跨媒体整合，促进传播。选择最优路线的公交车广告、路牌广告、地铁平面广告与站台电视广告相互配合，优势互补。雀巢本身所拥有的售卖机液晶电视也滚动播出"冰抖"广告。

此外，辅助以其他营销传播手段，以科学的媒体整合立体发布方案，实现360°接触，创造强大的营销势能。销售点广告（POP）和完善的辅助销售物料（POSM），将传播延伸到"最后一米"，促成购买行为的最终实现。在全国各大城市举行路演（"冰抖"大赛等），紧扣概念主题，形成合力，实现与消费者的深度沟通。

产品上市后，在各个主要城市迅速成为冰茶品类中的第一指向购买品牌，在青年人消费群中成为品类中的领导品牌。雀巢冰极网站实现平均每天25万次的高点击率。

媒体起着放大广告信息、提高品牌影响力、引发群体购买的作用。媒体策略是要在研究目标群体接触媒体的习惯和媒体特点的基础上，对各媒体的广告价值进行评估，从而进行立体式媒体组合。

理论目标

1. 了解广告媒体的类型。
2. 掌握各类广告媒体的基本特点。
3. 掌握媒体运用的相关技巧和方法。
4. 理解影响媒体选择的主要因素。

5. 掌握媒体的评估指标。

能力目标

1. 分析能力，包括各类广告媒体的特点及价值分析。
2. 运用能力，包括媒体组合和发布策略原理的运用。

任务一 广告媒体概述

广告传播是广告活动的重要环节，媒体是广告信息传播的物质载体或者中介工具，在制定媒体策略时首先要分析各类媒体的特点和价值，因为不同的媒体对广告信息的传播会产生不同的效果。

一、四大传统媒体广告

报纸、杂志、广播、电视被誉为四大传统媒体。随着科技的不断进步和社会经济的快速增长，一些新兴媒体不断涌现，现代广告的传播形式日趋多样化，而四大传统媒体在现代广告活动中依然发挥着重要作用。下面我们对四大传统媒体广告进行分析。

（一）报纸广告

1. 报纸广告的主要特点

（1）传播范围广，传播信息的时效性较强。报纸的发行量较大，其范围覆盖较广，发行周期短（一般以日报为主），能够非常快速、便捷地传达广告信息。

（2）传播的信息量较大。报纸的版幅较大，随着各大报业不断增加增刊、副刊等，广告主可以根据自己的需求选择适当的版面传递广告信息。

（3）权威性较强。在我国，报纸通常被视为政府的“喉舌”，因而在老百姓的心目中具有一定的权威性，从而提高了报纸广告信息的信誉度和说服力。

（4）读者群较稳定。报纸的读者群一般较稳定，因此，广告主可以有针对性地选择不同的报纸传递广告信息。

（5）制作简便，费用较低。相对于电视、杂志广告而言，报纸广告的制作比较简便，不需要较大的人力、物力、财力的投入，其成本比电视、杂志广告的成本低很多。对于规模不太大、资金相对匮乏的企业来说，报纸是一种理想的广告媒体。

（6）关注度不高。报纸的头版一般都是国内外的重要新闻，不能刊登广告，其他版面的内容也是与该栏目主题相关的。广告在报纸上难以处于醒目的位置，不易吸引读者关注。大多数读者看报纸都是为了读新闻，很少有人专门为了看广告而购买报纸，因此报纸广告的有效阅读率较低。

（7）印刷技术较低、效果较差。报纸纸张质量较差，印刷技术水平不高，因此报纸广告在表现手法和传播艺术方面很难达到理想状态，从而影响广告传播效果。

（8）信息的可保存性较差、影响力较差。由于报纸的发行周期短，报纸内容的重复阅读率较低，如果前一天的报纸没有看完，读者再次阅读的可能性很低。因此，报纸广告信息的保存期很短，影响力较差。

? 小思考

食品品牌在成长期适合用报纸做广告吗？为什么？

2. 报纸广告的类型

常见的报纸广告的类型主要有以下几种：

（1）陈列式广告。主要有报花、跨版、通栏、双通栏、中缝、整版、半版式等形式。

（2）赞助式广告。报纸的某些栏目会以企业冠名、特约刊登、征文或与报社联办、协办的形式出现。例如，“某企业意甲联赛排行榜”。

（3）分类广告。报纸中有专门刊登广告信息的版面，种类多、信息量大，有招商租赁、家政服务、求职招聘、招生培训、搬家运输、包装印刷、房屋装修、餐饮旅游、出国留学、商场促销、房地产信息等与老百姓日常生活息息相关的内容。

（4）报纸夹页广告。即在报纸中夹带的单独的产品宣传广告，随报纸发行。

3. 报纸广告作品赏析

图 8－1 是上海奥美广告公司为贝克啤酒策划的一则报纸广告。广告文案采用公文中“令”的写作方式和表现手法，独具匠心，使得广告信息具有独特的说服力。整个文案结构严谨、简明扼要，令人印象深刻，消费者看后都能会心一笑，马上就能明白贝克啤酒所传递的信息。

（二）杂志广告

1. 杂志广告的特点

（1）阅读率高，保存期长。在四大传统媒体中，杂志的实际阅读率最高，大多数读者购买杂志都有收藏的偏好，因而杂志被保存的时间较长，可以反复阅读，并可在亲朋好友之间传阅。

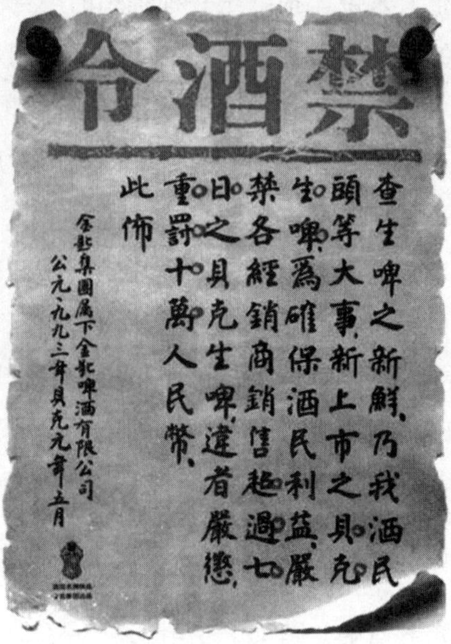

图 8-1　贝克啤酒广告

（2）目标受众明确，针对性强。一般来说，每一类杂志都有其相应的读者群，因而在杂志上做广告具有很强的针对性。而且，杂志读者通常有一定的文化水平和专业知识，并有较好的理解能力，对杂志广告的领悟能力较强。

（3）制作美观，表现力丰富。杂志制作精美，印刷质量高，可以综合运用文字、图画和色彩表现广告作品，图文并茂、形象生动，画面可以产生一定的震撼效果，容易在短时间内引起读者的注意。

（4）发行周期长，时效性较差。杂志的出版周期较长，一般为月刊，短的为周刊，长的有半年刊。大多数读者购买了杂志之后，不会立即看完所有的内容，有些只看其中一小部分，其余留待以后慢慢翻阅，这就造成广告信息的到达速度缓慢。

（5）专业性较强，市场覆盖率较低。大多数杂志都具有专业性的特点，对读者有一定的要求，因而读者有限，所以杂志广告的传播范围较窄。

2. 杂志广告的类型

（1）插页广告。即夹在杂志中、随杂志附送的彩色活页广告形式。其大小为杂志一个版面或者更小的版面。例如，一些企业在杂志年度的最后一期附送的新年日历上所做的广告。

（2）折页广告。广告版面打开以后是杂志本身的一倍、两倍、三倍或者四倍。汽车、化妆品在杂志中采用这种广告形式可以产生较好的效果。

（3）跨页广告。一般在杂志的正中内页，同时跨越两个页面，可以提高目标受众的关注度。将跨页页面取下仍是一个完整的画面，从而提高了收藏价值。

（4）效果广告。即在杂志中附送的实物，直接向受众展示广告产品，以提高其传播效果。例如，某些洗发水厂家在杂志中随刊附送小袋包装的试用产品。

（5）赠券广告。即杂志内页附带的可以“沿虚线剪下”的优惠券、兑换券等，消费者凭券可以兑换产品或者享受某种优惠。

? 小思考

走专业化路线的化妆品品牌适合做行业杂志广告吗？为什么？

（三）广播广告

1. 广播广告的特点

（1）传播范围广，时效性强。广播的目标受众范围广泛，特别是在偏远的农村地区，广播依然是人们接收外界信息、了解外部世界的主要媒介。广播传播的速度比报纸、杂志要快，通过电台发出的信号能迅速传达到广播覆盖的区域，因而广播广告的时效性较强。

（2）受众易理解，接受程度高。收听广播的听众一般不受文化程度与专业知识的限制，广播广告能以人性化的声音感染情绪、打动受众，信息的接受程度较高。

（3）广告费用低。广播广告的制作技术相对简单，其制作成本主要是广告信息的录音成本，费用较低，因此，企业的广告预算规模可以降低。

（4）保持性差，稍纵即逝。广播传递的信息属于听觉方面的，容量有限，保存性较差，稍纵即逝，其收听率以及注意率难以把握。

（5）广告信息缺乏视觉效果。广播广告的表现手法较为单调，没有视觉图像，“只闻其声，不见其形”，受众必须高度集中注意力，传播效果不尽理想。

2. 广播广告作品赏析

下面是云南滇红茶的一则广播广告：

孙子：“爷爷，怎么老喝茶？（读茶叶罐上的名称）云南真红茶。”

爷爷：“真字上三点水应读滇。”

孙子：“云南滇红茶。”

广播广告传递的是听觉信息，稍纵即逝，听众稍不留神就会遗漏。云南简称“滇”，容易误读成“真”，广告中故意巧妙地安排一个天真的儿童读错字，经过爷爷的纠正着重强调该茶叶的商标。广告运用爷孙俩富有趣味的对话，给人留下深刻的印象。

小案例

公益广告《身残志坚·“听太阳”篇》文案

（海浪声，舒缓的音乐起）

（女声旁白）凌晨，一个快要失明的少女来到海边，想要最后看一眼海上日出，一位伫立在礁石上的老人出现在她模糊的视线里。

（少女声）老爷爷，您也是来看日出吗？

（老年男声、温和地）我是来听日出的。

（少女声）听日出？

（老年男声）我的眼睛三十年前就看不见了。

（少女声）可日出您也能听得见吗？

（老年男声，充满激情地）你听，（音乐转为激昂）太阳出来时，大海对他欢呼着，我虽然看不见，但我心里却感觉到了。

（乐声渐强，随着男声结束，达到高潮）

（少女声，兴奋地）老爷爷，我听见了，我听见了，太阳走过来了！

（男声旁白）只要我的心中拥有太阳，生活就永远充满希望！

这则广告利用不同风格的音乐，以及即将失明的少女与盲人之间平凡的对话来诠释战胜困难、身残志坚、创造辉煌生命的人生哲理，寓意深刻，引人深思。

? 小思考

目标消费群体为老年人的产品适合做广播广告吗？为什么？

（四）电视广告

电视是运用最广泛、使用频率最高的一种传播媒体，它集视觉、听觉为一体，表现力强。

1. 电视广告的特点

（1）覆盖率高，时效性强。电视台所发出的信号可以迅速地传达到其所能覆盖的区域，在四大传统媒体广告中，电视广告的目标受众范围最广。

（2）表现形式丰富，感染力强。电视集文字、图像、声音和动画为一体，电视广告的表现手法多样化，极富艺术性，有较强的吸引力。优秀的电视广告能在短时间内吸引受众的注意，并留下深刻的印象。

（3）娱乐性强，关注度高。电视节目具有很强的娱乐性，收看电视节目是人们在日常生活中主要的休闲娱乐方式之一。电视台播出的娱乐综艺类节目、转播的各项体育赛事通常会吸引大量不同年龄阶段的观众，在这些节目中传播的广告信息往往能得到较高的关注。

（4）信息保存时间短。电视广告信息在传播中要受到时间的约束，信息不能反复、不可保存，很难一次就给观众留下深刻的印象，因此电视广告要定期重复地播出。

（5）制作复杂，成本高。电视广告的制作技术较复杂，所需的广告制作费用通常比较高，往往需要企业在广告预算中加大投入。

（6）广告实际到达率难以统计。由于最终的电视频道选择权在目标受众，在频道众多、节目丰富的情况下，受众频繁换台、更换电视节目、逃避广告的现象比较普遍，这就使得电视广告的实际到达率难以统计。

小知识

公交移动电视——电视广告的新焦点

国际著名数据调查机构尼尔森以世通华纳公交移动电视为样本，在中国11个经济最活跃的城市进行了为期一年的公交移动电视收视率调查，结果表明：无论是从千人成本还是收视点成本这两个指标来看，公交移动电视的广告投放成本都远远低于传统电视。中国城市公交人口比例高达75%，而且公交人口收看移动电视的比例达95%以上，公交移动电视的到达率直逼电视。公交移动电视受众覆盖面广泛、接触频率高、目标受众较为明确以及广告成本较低等优势引发了广告媒体行业的重新洗牌。

资料来源：千龙网。

2. 电视广告的类型

（1）电视节目广告。在电视节目中插播的广告，时间一般以秒计算，有5秒、15秒、30秒、40秒或者60秒。

（2）赞助广告。即企业以赞助电视晚会、体育比赛直播、影视剧等形式所做的广告，通常在节目的开始或结尾处注明“某企业赞助”的字样。赞助广告可提高企业的知名度和美誉度，但是昂贵的赞助费用不是每个企业都能负担的。

（3）电视栏目冠名。即对电视台某些收视率较高的栏目以企业的名称或产品品牌命名，这也是赞助广告的一种形式。例如，一些企业将电视台收视率较高的黄金时段播出的电视剧冠名为“××剧场”。

（4）字幕广告。即在电视节目播出过程中，屏幕下方出现的与播出节目无关的移动字幕，一般是产品的促销信息。

（5）音乐广告。即企业通过拍摄一系列MTV作品进行广告宣传。这种宣传方式比较侧重企业形象宣传。

3. 电视广告作品赏析

图8-2是立邦漆的《小鸟篇》电视广告画面。广告一开始是清脆的鸟叫声，然后是极富旋律的音乐，悦耳动听，给人无限遐思。小鸟看到人们用油漆刷过的房子看上去光鲜亮丽，也用嘴蘸着油漆去刷自己的鸟巢，连小鸟也喜欢立邦油漆。广告不仅强调立邦漆的品质优异，更突出了立邦漆环保这一概念。

图8-3是立邦漆以“我的灵感，我的立邦”为主题的电视广告。贯穿整个广告始终的是非常具有磁性的声音演绎的节奏感强烈的歌曲，随着音乐的节奏，广告模特不断用油

图 8-2 立邦漆《小鸟篇》电视广告画面

漆泼洒出造型独特、格外美观的花样图案，广告尽显华丽、时尚的特性，从视觉和听觉上都给人以强烈的震撼。

图 8－3　立邦漆以“我的灵感，我的立邦”为主题的电视广告画面

图 8－4 是立邦一则较早的电视广告，广告中肤色不同的婴儿光着身子，小屁股涂上颜色各异的立邦油漆，在太阳照耀下散发出奇光异彩。广告画面中这些婴儿随着音乐的旋律扭动着，让人忍俊不禁，也让观众在愉快的笑声中记住了立邦这个品牌。广告选择婴儿作为模特是因为孩子是每个家庭的核心，把油漆涂在婴儿娇嫩的皮肤上是为了突出该产品的环保特色。此外，选择来自世界不同地方、肤色各不相同的婴儿，表明立邦的宗旨是要成为国际性的大品牌。

图 8－4　立邦漆电视广告

二、户外媒体广告

凡是在露天或公共场合用于传播广告信息的物质载体或工具都称为户外媒体。户外媒体是继四大传统媒体之后兴起的一种被广泛使用的媒体。

（一）户外媒体广告的特点

与传统媒体广告相比，户外媒体广告具有以下特点。

1. 创意新颖，形式灵活

户外广告的设计、制作不受限制，表现形式丰富多彩。在城市的街道、商业区、楼宇、公交工具、高速公路两旁等法律许可的地区均可设置户外广告。

2. 接触频率高，信息保存时间长

户外广告一经投放就不会在短时间内更换，广告信息的保存时间较长，消费者在此期间常常会多次接触户外广告，因而接触频率较高。

3. 制作简便，成本低

户外广告的制作技术相对于电视广告来说比较简单，它主要传递的是视觉方面的信息。企业购买户外媒体投放广告的费用相对较低。

4. 覆盖面小

大多数户外媒体都是固定不动或者在小范围内传播的，因此覆盖面窄，宣传区域小，传递的信息量有限。

5. 效果难以测定

户外广告的目标受众具有高度流动性的特征，人们都是在运动中接触户外广告的，接触时间短暂，因此，难以估计户外广告的接受率。

6. 影响城市形象

户外广告大多位于城市的繁华区域或者城市标志性位置，那些与城市规划不协调的户外广告或遭人为因素破坏的户外广告很容易引起受众的反感。

（二）户外媒体广告的类型

户外媒体广告主要可以归纳为以下几类。

1. 传统户外媒体广告

传统的户外媒体广告主要指以车辆、灯箱、路牌和霓虹灯等为媒体的广告。

（1）车辆广告：在车身（包括车顶）、车厢内壁、座位上、座椅后背、公交车的拉手等位置投放的广告。

（2）灯箱、路牌广告：主要设置于城市的主干道以及商业区道路的两侧。夜晚在灯光的照明下，可以产生比较好的视觉效果。

（3）霓虹灯广告：在一些楼顶或商店门口的招牌设置的广告。这种广告具有动态的特点，加上霓虹灯的闪烁特征，在黑夜很容易吸引受众的眼球。

2. 电子户外媒体广告

电子户外媒体广告主要是指大型电子显示屏广告。这类广告通常设置于城市商业区、车站、广场等人流量较大的公共场合，既可作为企业发布广告信息的载体，也可供政府发布公告、通告、新闻等公共信息，或者用于重大体育比赛或重大活动的电视转播。

3. 空中媒体广告

空中媒体广告的形式有烟幕、气球和飞艇。这类广告形式新颖、奇特，比较容易引起人们的关注。

4. 其他类型

在高速公路、城市公路、立交桥等的主要路段和重要建筑物旁树立的高大、醒目的广告展牌也是一种常见的户外广告媒体，俗称“高炮”。高炮广告牌一般为钢架结构，展牌面积大，高度在二十米左右，分为两面、三面、四面结构，通常以两面为主。高炮广告时间长久，不轻易更换，有些高炮广告通常一面印交通信息，另一面印广告内容，很容易引起过往受众的注意。

在一些发达的大型城市，随着地铁日益成为一种主要的交通工具，地铁广告也成了一道亮丽的风景线。电梯、公交视频如今也是企业不容忽视的有效广告媒体。

（三）户外广告作品赏析

从珠江啤酒《出租车车窗篇》（见图 8－5）和深圳移动《手机银行篇》（见图 8－6）两则作品中我们可以看到创意其实就来自我们的生活。

图 8－5　珠江啤酒《出租车车窗篇》广告

图 8-6 深圳移动《手机银行篇》广告

三、网络广告

21 世纪是信息时代，互联网技术的发展使网络成为一种主流。随着网络经济的不断发展，网络广告应运而生。

1994 年，美国《连线》(*Wired*) 杂志在其网络版上首次发布的网络广告成为网络广告发展史上的里程碑，其最初的客户有美国电报电话公司、宝洁、国际商业机器公司（IBM）等多家著名企业。

中国第一个商业性网络广告出现于 1997 年 3 月，传播网站是比特网（Chinabyte）。最早在国内投放网络广告的广告主是英特尔（Intel）和 IBM。

（一）网络广告的特点

网络广告既可以有色彩鲜艳的画面、优美的音乐，又能传递大量内容丰富的信息。其主要有以下特点。

1. 制作成本低、传播范围广、速度快

网络广告的制作成本相对电视广告来说比较低。通过互联网，信息可以在全球范围内 24 小时不间断地传播，且不受气候等自然因素的影响。用户只要登陆网站就可以马上浏览各类信息。

2. 信息传播互动性强

网络广告区别于其他广告的一个显著特征在于其传播的互动性。受众可以主动选择其所需的信息，并可以针对所接收到的信息与企业或其他用户进行交流。

3. 信息容量大

网络广告传递的信息量是其他媒体不能比的。企业可以在自己的网站上制作相关的网页，介绍自己的公司和产品性能、质量、价格、规格、型号等消费者关注的信息。

4. 视听效果综合性强

如今网络几乎成了高科技的代名词，网络广告集文字、图像、声音、色彩、动画、三维空间等于一体，广告表现手法更加立体化，良好的艺术效果能给受众以较大的震撼。

5. 广告投放准确

在大多数情况下，消费者都是浏览自己感兴趣的网站。因而，企业可以根据这一特点有的放矢，将广告投放到目标受众经常浏览的网站上，从而提高广告的传播效果。

6. 受众数量可准确统计

广告主可以通过网站的访客流量数据，准确地统计出每一则广告被点击的次数，从而了解有多少受众真正看过这些广告。

7. 缺乏监管

目前网络监管制度还不健全，企业在网站上发布信息缺乏具体的监管措施。

8. 受网速影响较大

用户浏览网站时如果网络运行的速度太慢，就会影响其阅读网站信息。

9. 消费者信任度不高

由于网络诈骗现象的存在，大多数消费者对一些网站上发布的信息都持有一种怀疑的态度，因而降低了消费者对网络广告的信任度。

（二）网络广告的类型

网络广告一个最基本的特点是，消费者主动寻找广告主的主页，而不是广告主主动寻找消费者。如果消费者没有访问该网站，那么纵然广告做得再精彩也无人喝彩。因此，企业通常要想尽办法利用不同形式的网络广告来吸引消费者。常见的网络广告主要有以下几类。

1. 旗帜广告

这是最常见的网络广告，一般位于网页的最上方，大小为 460×80 像素，呈长条形。旗帜广告具有导向的功能，其目的在于激发消费者的兴趣，因此设计上要求有新意，在它上面往往有“click here”或“点击进入”等字样，受众点击以后可以看到更详细的广告信息。

2. Flash 广告

这是利用 Flash 技术制作的动画类广告，它形象生动、画面精美、影音兼备，有着强烈的视听效果，将原本枯燥的内容表现得惟妙惟肖，能极大地激发受众的兴趣，从而使受众记住其中内容。

3. 按钮广告

这类广告与旗帜广告没有本质区别，只是像素比旗帜广告更小一些，一般为 80×30 像素，因外形似纽扣而得名。按钮广告纯属提示性广告，一般由企业具有标志性的图案或品牌名组成。

4. 浮动图标广告

受众打开某个网站以后，同时会弹出一两个类似于按钮广告的图案，但是与按钮广告不同的是，这类广告不是固定不动的，它会在受众浏览的页面上移动，或者沿着某一路线飘移，就像浮在页面上一样，因而被称为浮动图标广告。受众只要点击该图标就可以进入企业事先设置好的网页，浏览更详细的信息。由于其不断飘移的特点，所有登陆该网站的受众都能注意到该广告，广告的传播效果较好。但由于其挥之不去的特性，很容易引起受众的反感。

5. 插入式广告

当受众打开某个页面时，同时会弹出一个页面相对较小的窗口，以醒目的字眼、极富感染力的画面吸引受众的眼球，这就是插入式广告。这种广告具有强迫特性，容易引起受众反感，受众一般会迅速关闭广告页面。

6. 电子邮件广告

在大多数网站，用户申请邮箱时都要填写类似于兴趣、爱好之类的信息，企业可以用电子邮件的形式将广告信息发给预先收集到的受众的邮箱。这种广告的针对性强，而且电子邮件可容纳的信息量比较大，因而容易取得良好的传播效果。

（三）网络广告作品赏析

网络广告的形式丰富多样，如图 8－7 至图 8－11 所示。

图 8－7 旗帜广告

图 8－8　Flash 广告

图 8－9　按钮广告

图 8-10 浮动图标广告

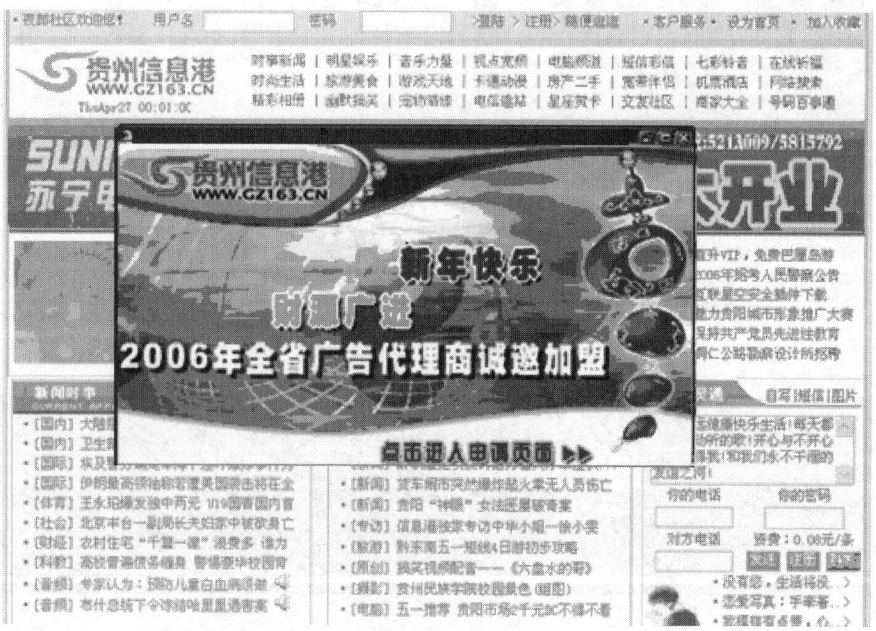

图 8-11 插入式广告

四、其他媒体广告

除了四大传统媒体和户外媒体、网络媒体之外，企业还可以利用许多其他形式的传播媒体。

（一）POP 广告

POP 广告即购物点广告（point of purchase advertising），是指在商品的销售点设置的各类广告。这类广告形式多样、设置灵活、方便快捷、成本较低，但是传播范围窄、影响面小。常见的类型主要有：门面广告、橱窗广告、柜台广告、海报、招贴、商品目录、商场播放的关于产品的录像、商场工作人员现场操作演示产品功能的示范广告等。

（二）DM 广告

DM（direct mail）广告即直邮广告，其以邮寄的方式将广告送达目标受众。例如，某些邮购公司定期将产品目录寄给其用户。这种方法针对性强，可以对产品进行详细的介绍，传递的信息量大，成本低。但是邮寄方式速度慢，实际到达率难以统计。

（三）展销会

展销会也是一种广告宣传方式，企业通过参加各类展销会及其他的贸易活动可以向客户进行新产品的推广。

（四）体育广告

体育已经成为现代社会一个重要的主题，随着体育运动的普及，大多数企业已经开始意识到体育运动中蕴含着的无限商机。赞助体育比赛往往能增添企业形象的公益色彩，从而在受众心目中为企业树立良好的形象。

（五）人体广告

人体广告是指模特、宣传员穿上企业特制的服装或举着广告宣传牌在城市的繁华地段所进行的广告宣传。这种人员宣传方式能在一定程度上博得受众的好感。

（六）手机广告

随着手机的不断普及，手机用户的数量日益增长，许多人把手机看作继四大传统媒体之后的“第五大媒体”。企业利用手机进行广告宣传的方式主要有短信和彩铃。

企业利用手机短信群发的方式可以使信息覆盖较广的范围，而且成本较低，但是容易被认为是垃圾短信，引起受众的反感。

有些企业将员工的手机彩铃或者办公室电话彩铃设为本企业的广告宣传语，在等待对方接听电话之前，受众必须听取那段广告信息，这种形式收听率高，成本低廉，但是传播范围非常有限，而且缺乏针对性。

任务二 广告媒体的选择

在广告传播活动中，媒体的选择与组合是一项极其重要的工作，只有科学地选择恰当的媒体组合，才能极富艺术性地把广告信息传达给目标受众，最大限度地提高广告宣传的效果。在确定合理的媒体组合策略之前，企业必须分析影响媒体选择与规划的因素。

在实践中，广告媒体的选择要受到多种因素的影响，具体来说，主要有以下几方面。

一、媒体自身的特性

每一种媒体都有自己独特的属性，不同媒体的经营情况、发布情况存在着较大差异，它们传递同样的信息会产生不同的效应，企业在选择媒体之前应该仔细分析每一种媒体的传播特性和对受众的影响力。比如，媒体传播信息的速度、传播范围、信息容量的大小以及所传递信息的表现形式等。

二、产品特征

选择广告媒体应该考虑广告所宣传的产品的具体特征。消费者对不同产品的需要心理各不相同，不同的媒体在展示、表现产品功效方面存在着较大的差异，企业应该选择合适的传播媒体来影响消费者的心理思维活动。

例如，消费者对高档化妆品的需要心理特点是注重品质、时尚、品牌形象，视觉效果强的信息能够衬托出高档化妆品的这些特征，因此，选择印刷精美的杂志和电视等视觉媒体就比报纸、广播的效果要好。然而对于高档耐用品，诸如家用电器之类的商品来说，消费者关注的是性能稳定、技术先进、操作简便，因此采用报刊、说明书、目录以及展销会等形式进行宣传可以取得较好的效果。

三、目标受众接触媒体的习惯

目标受众是广告信息的最终接受者，他们对不同媒体的接触习惯也是企业在选择媒体时应该考虑的重要因素。目标受众经常在什么时间段接触何种媒体直接关系到广告信息的传播效果。

例如，少年儿童喜欢收看电视节目、收听广播，因此，针对少年儿童的产品就不应该选择报纸或杂志投放广告。再如，都市女性白领阶层接触最频繁的媒体是网络，她们较少听广播，闲暇时会翻阅一些时尚杂志，她们一般在晚上收看电视，所以针对这一目标群体的广告，就应该选择以网络为主，辅之以杂志和电视，而电视广告的时间段最好选择在晚上十点左右；而在一周之中，应该选择在被誉为“小周末”的周三之后投放，才能取得较高的收视率。

四、广告信息的特性

广告信息内容的特性也制约着媒体的选择。如果广告信息内容与近期的促销活动相关联，企业就应该选择报纸、电视、广播等具有即时性特征的媒体。如果广告信息中含有大量高科技知识，则应该选择报纸或专业杂志作为传播媒介。

五、企业广告预算规模

企业对于购买广告媒体的费用事先都有预算，企业选择怎样的媒体组合受到广告预算的制约。不同的媒体有不同的价格。在广告预算既定的前提下，企业在某一媒体上的支出的增加，势必减少其他媒体的购买费用。企业应根据自己的实力，在广告预算的范围内，选择恰当的媒体组合。

六、广告媒体的成本效应

按照媒体成本进行选择时应该关注的是成本的相对概念而不是绝对概念，即要考虑媒体成本与广告效益之间的相对关系。这一概念可以用千人成本来衡量，千人成本越低，说明该媒体的投资效益越高，反之，说明该媒体的投资效益越低。在实践中，投资效益高的媒体有助于受益的最大化。

例如，在电视上投放广告的价格比报纸要贵很多，但是如果用千人成本来衡量，在电视上做广告可能比在报纸上做广告更有益。

七、竞争者的广告策略

广告策略属于营销策略的范畴，因此，竞争对手的媒体策略也会影响企业的媒体选择。针对竞争对手选择媒体的情况主要有三种：第一，采用与竞争对手相同的媒体，以削弱对手的广告效果。例如，百事可乐通常利用与可口可乐相同的媒体进行广告宣传。第二，选择与竞争对手相关的媒体，实施侧面迂回战术。这种方式另辟蹊径，避免了与竞争对手的正面冲突，有利于保持住自己的目标受众。第三，选择与竞争对手完全不同的媒体。

八、政府的法律法规

企业在选择媒体时还要考虑不同国家、地区的相关法律、法规的内容。例如，我国《广告法》规定，禁止在大众传播媒介或者公共场所、公共交通工具、户外发布烟草广告；禁止向未成年人发送任何形式的烟草广告。再如，在某些伊斯兰国家，则禁止利用大众传播媒体做酒类和化妆品的广告。

在结合上述因素对媒体进行定性分析后，企业还可以购买专业的市场调查公司的数据进行定量分析，初步选定媒体。

任务三　广告媒体的评估

为了确保初步选定的媒体符合企业的需要，需通过媒体的量化评估指标对选定的媒体进行进一步的确定。

一、媒体的主要评估指标

常用的媒体量化评价指标有以下七类。

（一）覆盖率

覆盖率（rating）又称占有率、视听率、阅读率，是指一定时期内接触某一媒体的人数占拥有该媒体总人数的比例。它反映了媒体的受众范围、影响力以及被接受的程度。媒体的覆盖率越高，说明该媒体的针对性越强，广告的发布费用也就越高。其计算公式为：

覆盖率＝(接触某媒体的人数/拥有该媒体的总人数)×100%

例如，某一地区的总人口数为 100 万，收看了某一电视节目的人数有 20 万，那么，该电视节目的覆盖率为 20%。

（二）毛评点

毛评点（gross rating points，GRPs）指的是一定时期内某一广告在所有媒体上的覆盖率的总和。其计算公式为：

毛评点＝覆盖率×刊播次数

例如，一个节目收视率为 20%，广告发布 2 次，则毛评点为 40%。

又如，在同一媒体的不同节目上刊播广告，节目 A 收视率：20%，刊播次数：2 次；节目 B 收视率：15%，刊播次数：4 次；节目 C 收视率：25%，刊播次数：2 次；节目 D 收视率：10%，刊播次数：5 次。则该广告的毛评点为：20%×2＋15%×4＋25%×2＋10%×5＝200%，即总共刊播 13 次的广告所产生的总影响相当于目标市场人口的 200%。

（三）视听众暴露度

视听众暴露度（impressions）是毛评点的绝对值，它指的是一定时期内收听、收看某一媒体节目的人数总和。它的特点是重复计算，也就是说，如果有一位观众观看了 3 次某一电视节目，另有三位观众各收看了 1 次该节目，那么视听众暴露度为 6 次。视听众暴露度的计算公式为：

视听众暴露度＝视听众总数×毛评点＝视听众总数×(覆盖率×刊播次数)

（四）到达率

到达率（reach）指的是在一定时期内，看到某一广告的人数占总人数的比例。计算到达率时，受众接触媒体的次数无论是 1 次还是 2 次甚至更多次，都计算为 1 次。因此，到达率又被称为非重复到达率。

例如，在三种杂志 A、B、C 上投放广告，全体读者的 20%在阅读杂志 A，17%在阅读杂志 B，21%在阅读杂志 C；另 9%的读者只阅读 A，3%阅读 A、B，4%阅读 A 和 C，

4%阅读B、C，4%阅读A、B、C。那么，在三种杂志上投放广告的到达率为：

到达率=9%+6%+9%+3%+4%+4%+4%=39%

（五）暴露频次

暴露频次（frequency）指的是一定时期内，每位消费者或每户家庭接到同一广告信息的平均次数。它反映了媒介排期的密度。其计算公式为：

暴露频次=毛评点/到达率

例如：100户中有40户看了广告一次以上，其中17户看了1次，11户看了2次，7户看了3次，5户看了4次。则该广告的暴露频次为：

80%/40%=2（次）

（六）有效到达率

有效到达率（effective reach）是指一定时期内，同一媒体节目到达同一受众或家庭、有效影响受众的界限。它是衡量广告效果的一项重要指标。

（七）千人成本

千人成本（cost per thousand/mille）是指在既定媒体预算的条件下，将一定数量的信息传播给1 000位目标受众所花费的成本。它通常用于比较不同媒体之间广告费用是否合理，反映了媒体的投资效应。千人成本越低，说明该媒体的投资效益越高，反之则越低。计算公式为：

千人成本 =(广告费/媒体受众总量)×1 000

例如，某电视广告在电视台A节目播出，节目收视对象为100万人，播出频次共10次，媒体受众总量为1 000万人次，播出费用为20万元，则千人成本为：

(200 000/10 000 000)×1 000=20（元）

二、评估媒体的程序

对选定的媒体进行调查、评估的程序如下：

第一步：结合电话咨询和网站，了解该媒体的一些主要评估指标。

第二步：对媒体提供的评估指标可以通过专业的媒体调查公司进行调查。

第三步：把专业的媒体调查公司的调查结果和媒体本身提供的评估数据做对比，数据差距不大的媒体可以考虑使用。

任务四　广告媒体策略

广告媒体策略主要涉及媒体组合策略、媒体发布策略与媒体排期策略等方面。

一、媒体组合策略

不同的媒体具有不同的功能和传播特性。在广告活动中，企业往往结合商品定位、公众心理、广告费用预算、广告宣传目的以及广告信息的性质来选择恰当的媒体组合，形成一个有机的传播媒体阵容，以产生1+1>2的多方位立体传播效应。媒体组合本质上是媒体优化的过程。

（一）媒体组合方式

媒体组合一般有视觉媒体与听觉媒体的组合、瞬间媒体与长效媒体的组合、大众媒体与促销媒体的组合三种形式。

小案例

某汽车厂商在为其推出的一款新车做广告宣传时，充分考虑了各种媒体的特点，采用了有效的媒体组合方式，从而很好地提高了广告投入利用率。

电子传播媒体：打开知名度，让广大消费者知道“某企业出新车了”，并介绍汽车的特点。

印刷媒体：向消费者详细介绍汽车的生产流程、功能等，让消费者产生“这车还真的跟其他车型有点不同，去车店看看吧”的想法。

商店实物展示：利用汽车本身向消费者宣传自己的形象，有助于消费者深入理解，强化品牌形象，从而让消费者产生“这车真漂亮，就买它了”的想法。

（二）媒体组合应注意的问题

媒体组合不是把各种不同的媒体简单相加，它要求广告策划人员充分把握每一种媒体的核心特征，深入分析，实现媒体效应最大化。在选择媒体组合时，广告策划人员要注意以下几方面的问题。

1. 媒体的效用性

主要是考察媒体是否与企业的市场战略、产品战略、品牌战略、广告战略和广告目标相一致，是否能有效地表现商品的形象特色和个性特征。

2. 媒体组合的可行性

购买媒体版面的费用对大多数企业来说都会形成较大的压力，广告策划人员应该考察所选择的媒体组合是否可行，有没有超出企业的广告预算，应该力求把媒体组合的费用控制在广告预算的范围之内。

3. 媒体组合的覆盖面

媒体组合的覆盖面直接影响到广告的传播效果。媒体组合的选择必须有针对性，必须要覆盖产品的目标市场，才能确保广告信息传达给目标受众，并为目标受众所接受。

4. 媒体组合的影响力

影响力强大的媒体组合能增强广告的表现力与诉求力，使得更多的目标受众被广告信息说服。广告策划人员应把各种媒体有机地组合起来，以产生协同增效的作用，要避免各种媒体之间相互干扰，削弱传播效果。

二、媒体发布策略

媒体发布策略主要是指广告的发布时机和频度。

（一）广告发布时机策略

广告的发布时间是指广告刊播的时机。企业要充分掌握并利用各种时机进行广告宣传。例如，重大体育比赛、大型综合性文艺演出、国内外热点事件转播以及热门影视剧的播出时段的收视率都比较高，如果企业利用这些时机发布广告往往能取得比较好的传播效果。

（二）广告发布频度策略

广告的发布频度是指单位时间内广告发布的次数。企业可以根据实际情况对广告的发布采用固定频度或变化频度策略，即在广告投放期间广告频度按时限平均运用，或者在广告排期内采用每天次数不等的方法来发布广告。

广告的发布时机策略与发布频度策略往往是结合在一起使用的，比如在产品销售旺季、新产品刚投放市场时，广告的投放频度一般较高；而在销售淡季、产品的衰退期时，广告投放频度则相对较低。

三、媒体排期策略

媒体排期是指广告媒体发布的时间安排表，它主要用于表示广告日程的时间安排。常见的广告排期策略主要有持续式、起伏式和脉冲式三种。

（一）持续式排期

持续式排期是指在整个广告活动中，广告持续不断地出现在消费者的面前，不断地刺激消费者的感官，增强消费者对广告内容的记忆程度，从而达到累计效果的作用。这种广告发布方式没什么变化，比较适合那些在使用上没有时间或季节区分、需求比较稳定的产品，如生活日用品、高档耐用品等。

（二）起伏式排期

起伏式排期是指一段时期投放广告，一段时期停止投放广告。这种方式主要是针对市场上某些产品的需求波动较大的情况推出的。广告主在消费者需要大量使用该产品时，可以加大广告投放力度，集中竞争优势使传播效果最大化。此外，必须注意的是在广告停止投放的时期，消费者对广告的记忆度可能跌至最低。

（三）脉冲式排期

脉冲式排期是持续式排期和起伏式排期的结合。有些产品的购买周期很长，广告主采用脉冲式的投放，加强重点期间的宣传力度，有助于不断累积广告效果。这类投放方式需要广告主有比较雄厚的经济实力作为后盾支持。

小案例

集中媒体传播　让雅客V9更有力量

雅客V9上市时采用的媒体策略主要有以下两方面。

1. 立体式的媒体组合

根据目标消费群可能的接触点，雅客V9选择了以下媒体组合方式：

(1) 影视广告：告知消费者雅客V9的诞生，在短时间内迅速提升雅客V9的认知度与影响力，解决品牌知名度问题。

(2) 平面及网络软文：向消费者宣传雅客V9的功能与利益点，取得事半功倍的效果。

(3) 车体、地铁灯箱、写字楼等户外广告：提醒消费者雅客 V9 无所不在。

(4) 终端"拦截"：超大规模的新品派发品尝将热度推向全新纪录。

(5) 事件与活动、网络游戏：利用有趣的游戏与消费者互动，吸引消费者关注雅客 V9，拉近雅客 V9 与消费者的距离。

2. 脉冲式的广告投放

在投放节奏上苦心经营，力求以最少的费用达到最好的效果：

(1) 8 月 26 日至 9 月底，第一个传播高峰。

(2) 10 月 1 日至 7 日，国庆黄金周，第二个传播高峰；一天 7 次，每次 30 秒、15 秒、5 秒广告各一次，其间正好是全国糖酒会举办的日子。

(3) 10 月 7 日后立即将广告量减掉一半，一直到 11 月底都只做隔天播出的广告。

(4) 12 月 1 日到春节前又展开"轰炸"，制造第三个传播高峰。

仅四个多月的时间，雅客 V9 在全国的销售额就达到 3 亿多元，迅速打开了市场。

项目小结

● 媒体是广告信息传播的物质载体或者中介工具。广告媒体包括报纸、杂志、广播、电视四大传统媒体和户外媒体、网络媒体、手机广告、POP 广告、DM 广告、展销会、体育广告、人体广告等。

● 报纸是历史最悠久的传播媒体。报纸广告传播范围广，时效性较强；传播的信息量较大；具有新闻性和权威性的特点；读者群较稳定；制作简单，费用较低；关注度不高；印刷技术低，效果较差；信息的保存性、影响力较差。

● 杂志与报纸同为平面印刷类媒体。在四大传统媒体广告中，杂志广告的实际阅读率最高；目标受众明确，针对性很强；制作美观，表现力丰富。但是杂志广告的发行周期长，时效性较差；而且较强的专业性往往会导致其市场覆盖率较低。

● 广播传递的是听觉方面的信息。广播广告的传播范围广，时效性强；接受程度高，受众易理解；制作相对简单，费用较低。但是广播广告的保持性差，稍纵即逝，而且广告信息缺乏视觉效果。

● 电视是目前运用最广泛、使用频率最高的一种传播媒体，它集视觉、听觉为一体，表现力最强。电视广告覆盖率高，时效性强；集文字、图像、声音和动画于一体，表现手法多样化，极富艺术性，有较强的吸引力；娱乐性强，关注度高。但是电视广告信息保存时间短；电视广告的制作技术较复杂，成本高；电视广告实际到达率难以统计。

● 户外媒体广告创意新颖，形式灵活；接触频率高，信息保存时间长；制作简便，成本低。但是覆盖面小，效果难以测定。

● 网络是当前普及速度最快的一种媒体。网络广告制作成本低、传播范围广、速度快；信息传播互动性强；信息容量大；视听效果具有综合性特征；广告投放准确；受众数量可准确统计。网络广告的缺点是缺乏监管，受网速影响较大，消费者对其信任度不高。

● 在广告传播活动中，媒体的选择与组合是一项极其重要的工作。广告媒体在选择中要考虑媒体自身特性、产品特征、目标受众接触媒体的习惯、广告信息的特性、企业广告预算规模、广告媒体的成本效应、竞争者的广告策略以及政府法律法规等因素的影响。企业主要从覆盖率、毛评点、视听众暴露度、到达率、暴露频次、有效到达率、千人成本等方面对媒体进行评估。

● 广告媒体策略主要涉及媒体组合策略、媒体发布策略以及媒体排期策略等方面。

案例分析

某公司生产功能型洗发水，上市的一年内只在广东新闻台一个频道做电视广告，请分析一下该广告会有效果吗？为什么？

基本训练

1. 训练类型

(1) 模拟项目导入：某品牌美白口服液准备面向全国市场上市，产品功能效果很好，有2 000万元的广告预算，请根据所学的知识制定媒体组合策略、媒体排期策略。

(2) 真实项目导入：到某一广告公司媒体部，和部门员工一起帮助广告主制定企业的媒体组合策略，制定媒体组合策略、媒体排期策略。

2. 训练说明

将全班同学按每组5人分成若干小组，每组选一个组长负责全组工作，安排落实每位组员的职责，制订好媒体调研计划。每个小组自行设计媒体调研问卷，交给指导教师修改，根据指导教师的修改意见进一步完善调研问卷。按媒体调研计划开始实施媒体调研活动并制定媒体组合策略和媒体排期策略。

活动结束后，每个小组都要以实习报告的形式对本次活动进行总结，然后把实习报告交由指导教师点评。将教师点评过的实习报告发给学生，每个小组根据教师的意见进一步完善实习报告，然后交给指导教师存档。

3. 广告媒体实训成果表

<table>
<tr><td colspan="2">项目名称</td><td colspan="5">广告媒体实训</td></tr>
<tr><td colspan="2">实训类型</td><td colspan="2">模拟项目/真实项目</td><td>实训地点</td><td colspan="2">多媒体实训室/广告公司</td></tr>
<tr><td>姓名</td><td colspan="2"></td><td>实训内容</td><td></td><td>指导教师</td><td></td></tr>
<tr><td colspan="4">评价内容</td><td colspan="2">成绩评定标准</td><td>成绩</td></tr>
<tr><td colspan="4">小组提交媒体策略书成绩占30%，媒体调研计划和调研问卷各占20%</td><td colspan="2">1. 所提交成果包含调研计划、调研问卷、媒体策略书
2. 媒体策略书结构严谨，逻辑性强，内容详略得当，简明扼要，重点突出，言之有理，切实可行</td><td></td></tr>
<tr><td colspan="4">每位小组成员提交一份个人的实训总结，个人的实训总结占总成绩的30%</td><td colspan="2">1. 实训总结主要针对本次活动的感想、收获，还包括活动中出现的问题及其解决方式
2. 字数不得少于1 000字</td><td></td></tr>
<tr><td colspan="6">总成绩</td><td></td></tr>
</table>

【注意】

（1）以上所有作业一律使用A4纸，手写、打印都可以。如打印，标题用三号字、正文用小四号字，在每页的页脚中心位置标明页码。

（2）所有作业都必须制作封面并装订成册。

项目九 广告效果与测评

引子：

某品牌专业美颜保健品的广告作品的事前效果测试

某化妆品集团公司计划引进东南亚地区一个专业针对女性美颜保健的保健品品牌，在中国化妆品专业市场推出，为了本次新品牌以及新产品上市能达到预期的营销目的，测试广告传达信息的准确度、广告诉求是否清晰、目标对象是否明确，特做此广告效果的事前测评。公司进行了两场消费者座谈会，座谈人数为100人。公司拿出三篇杂志广告进行事前广告效果测试，下表是该品牌专业美颜保健品广告前测的态度测量表。

态度测量表

广告类别	测试指标	测试统计数据				
三篇杂志广告（平面广告）	情感激发	心情不好	心情好	心情一般	心情兴奋	心情愉悦
		1%	9%	20%	19%	51%
	产品认知	完全不知道	不知道	知道一些	大致知道	完全知道
		23%	5%	45%	17%	10%
	品牌认同	不认同	不太认同	认同	一般认同	非常认同
		19%	32%	11%	28%	10%
	购买意愿	基本不会	不会尝试	考虑尝试	会尝试	一定会购买
		23%	17%	34%	16%	10%

下图是通过调查评分法，分别对三篇杂志广告效果测试指标进行评分后的统计图（满分100分）。

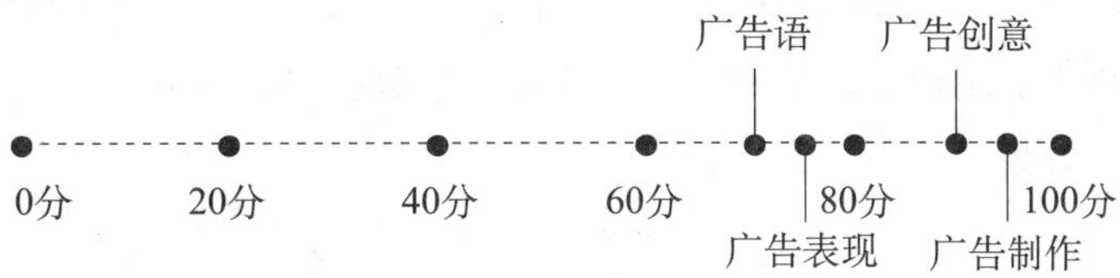

评分统计图

通过上例中某化妆品集团对于即将上市保健品的广告作品传播前的广告心理效果测试与分析，我们可以看到，广告测评对于广告传播成功与否、广告效果能否达标发挥了极其重要的作用。通过系统、专业、科学的广告测评，不仅可以让广告传播有的放矢，也让广告作品以及广告主的广告投入及时得到监控和调整，也为企业制定广告策略、发展广告创意、制定媒体组合策略提供了必不可少的指导性参考依据。

理论目标

1. 能理解广告效果的基本定义与四大特征。
2. 理解广告测评的分类与意义。
3. 掌握广告效果前测、中测、后测三个阶段的相关理论及测评指标与方法。
4. 熟练掌握与运用广告测评的相关流程与报告内容。

能力目标

1. 具备广告测评方法与模式的操作能力。
2. 具备广告测评数据的分析能力。
3. 具备利用广告测评分析结果调整广告创意、广告策略、媒体组合策略的能力。

任务一　广告效果概论

一、广告效果的定义

广告效果是指广告主把既定的广告信息通过广告媒体进行传播之后，产品信息、广告作品和广告相关的活动对广告受众所产生的影响，或者说是指媒体受众对广告效果的结果性反应。同时，它也指把这些结果与广告主既定的广告目标进行比较，从而对广告效果得出的评价。它可以分为广告媒体的传播效果、广告心理效果、广告经济效果、广告社会效果。无论是哪一种效果通常都以某些测评方法及一系列指标来衡量。广告测评的整个过程分为前测、中测、后测。

二、广告效果的特征

只有掌握了广告效果的主要特征，我们才能在实际工作中对广告效果的测评结果进行客观的分析。通常而言，广告效果具有下列四种明显特征。

（一）时间的延迟性

大多数的广告都是转瞬即逝的，因为媒体传播给受众的过程是有时间限制的。影响广告时滞的因素主要有以下四个。

1. 商品因素

在消费品领域，一般冲动性快速消费品的广告时效较短，因为此类商品售价较低，消费者容易受到广告的影响而马上产生购买冲动。反之，高价值的耐用消费品的广告实效较长，因为此类商品价格较高，消费者需要时间考虑，一般要在广告投放很长一段时间之后才能产生购买行为，所以耐用消费品的时滞大于快速消费品。

2. 媒体影响力因素

广告时滞的产生，主要是由于广告发布后，需要有一段时间才能被受众看到（或听到），这一段时间的长短与媒体本身的影响力有关。

如果是新媒体或者影响力不大的媒体，由于受众的数量有限，或者媒体对受众的态度转变影响不够，就会导致广告时滞较长；相反，如果媒体有很强的影响力，比如中央电视台，它对受众审美观和购买意愿有相当大的影响，广告时滞就会较短。

3. 市场因素

市场因素主要是指市场规模和市场结构对广告的影响。市场规模取决于潜在消费者的数量和收入；市场结构受潜在消费者的年龄分布、社会地位、家庭结构、文化层次、个性特征、地域文化、社会文化、风俗习惯等多种因素的制约。在既定的市场规模和市场结构之下，需求的价格弹性、收入弹性、交叉替代弹性、品牌弹性越大，市场对于新广告的反应也越敏感，需求的稳定性也越差，广告的时滞也就会越短。

4. 竞争因素

由于市场上产品的同质化比较严重，因此，有很多同类产品的类似广告同时存在于市场，这些广告只是在经营优势、促销的力度、广告投入等方面有所差别。为了拓展市场或者是稳定既定市场份额，不同的广告会做出相应的竞争性反应，这种相互竞争具有相互抵消的作用，因此，反促销的反应会导致广告宣传时滞的延长。在这种情况下，广告主仅仅依靠广告投资的扩大一般不会有太大的效果，但是，如果强调广告策略的差异，如在广告创意、广告创作、广告内容、传播手段、发布方式、投放时机与密度等方面强调原创与差异，那就能有效缩短广告的时滞，从而起到事半功倍的效果。

（二）累积效果性

累积效果性是指要使消费者产生购买行为，一般都需要广告多次反复作用于消费者。消费者往往需要多次被广告影响，其收到的信息积累到一定的阶段后，才能产生购买行为，这种购买行为是多次广告效果的总和。例如，虽然某广告连续投放四次，消费者在前三次都没有产生购买行动，而是到了第四次才购买，但这种反应不仅仅是第四次广告的作用，也是前三次广告累积的结果。影响广告累积效果性的因素主要是以下四点。

1. 广告投资的规模

“一分投入一分收获”，一般广告的投入与广告效果是成正比的，因为广告的投资越大，广告方式就会越多，广告的覆盖面也就越广，广告的受众面也越广；同时，如果广告制作投资大，则有利于提高广告创作的水平、创意的深度、制作的质量，有利于避免低质量的广告给消费者带来的负面影响，从而减少广告受众的抵触情绪。这样，广告的累积效应在面上和量上的作用就会成倍增大。

2. 竞争的影响

“商场如战场”，在市场竞争白热化，行业与产品日益同质化的今天，影响广告累积效应的竞争因素既包括同行业其他生产商与品牌主的同类产品之间的竞争，也包括产品使用价值、产品效用价值相同或相近的同类产品之间所形成的竞争。市场外部的竞争势头和环境，将会影响并转移已经在消费者头脑中形成的印象，改变消费者的偏好，进而改变市场的需求格局。因此，市场环境竞争越是激烈，对广告累积效应的抵消威胁作用也越大。

3. 需求的影响

随着社会经济的快速发展，消费者对于商品的需求档次也会不断上升与提高，产品的市场需求也会因为产品生命周期的终结而消失，这样，广告的累积效应也就不复存在。而广告主此时需要对产品的生命周期，以及要面临终结的事态发展有准确的预测与认知，基于这样准确的认识，广告主在产品生命周期结束期间或之后，就不会再对产品展开进一步的广告活动。

4. 广告策略的影响

广告策略对广告累积效应的影响体现在：广告的诉求策略是否满足消费者的消费需求和购买欲望，并能依据消费者的价值观和个性而展开；广告创意是否具有原创性进而吸引目标消费者的注意，并借助广告的震撼性诱导与消费者利益点相关的记忆；媒体投放的时机与密度是否精准；媒体选择是否正确得当。

（三）间接效果性

广告效果的间接性是指当一个消费者受广告的影响发生购买行为的同时，把广告品牌以口碑的形式宣传给其他消费者，从而产生连锁购买的反应。因为消费者从接触到广告信息到产生购买行为是一个极其复杂的心路过程，所以很难对广告的间接效果性进行准确的测量，但可以通过访问法进行大致的测量。

（四）广告的竞争性

广告之间是相互竞争的，竞争产品之间的广告往往是为了推介一种商品从而取代另一种商品。由于广告间竞争的存在，一则本身很有市场影响力的广告可能其效果会大打折扣。虽然存在广告竞争，但是我们不能否定广告活动本身的效果，不过这种竞争对于广告的影响同样很难进行准确的测量。

任务二　广告效果前测

测评人员可根据测验目的去决定测量时间，根据测量时间的不同，可将广告效果的测量分为广告前测、广告中测及广告后测。广告效果前测是指在进行广告活动之前，或者在广告作品完成后即将发布前，对广告效果进行事前评估测量。

一、广告效果前测概述

广告效果前测的时间一般选择在广告创意后，广告活动展开之前。这种测验主要在实验室中进行，也可以在实际中进行，主要目的有两个：一是诊断广告方案中的问题，避免推出无效甚至有害而无益的广告；二是比较、评价候选方案，以找出最有效的广告方案。

广告前测的主要优点是：第一，能以相对低的费用（与后测相比）获得反馈。此时，广告主还未花大量的钱刊播广告，前测可以帮助广告主及时诊断并消除广告中的沟通障碍，有助于提高广告的有效性。第二，能预测广告目标的实现程度。例如，如果广告活动的主要目标是提高品牌的知名度，就可在前测中加以测定。

广告前测的缺点是：广告前测大都是在受测者看了一次广告后进行的，无法测出他们多次接触广告后或在其他营销活动配合情况下接触广告的反应，因此，前测所测的是个别广告的效果，而不是广告活动的效果。例如，某些诉求广告在前测中往往分数不佳，而其实际效果可能颇为成功。相反，幽默、轻松、娱乐性广告的前测结果往往比实际效果好。此外，前测会占用一定的时间，许多广告主认为，第一个占领市场会给其带来压倒竞争者的独特优势，因此，他们常常为了节省时间以抢占先机而放弃测量。因此，对广告前测的结果还要结合各种客观因素加以分析，比如被测试对象的局限性，实际市场情况，经济环境的变化，政治、宗教信仰的影响等。

二、经济效果前测

经济效果的前测主要采用销售实验法，即模拟一个销售环境，通过实验的方法来检验广告的效果。

三、心理效果前测

（一）专家意见综合法

专家意见综合法是指将设计好的广告文本和媒体组合计划，交给若干位有经验的广告专家、社会学家、心理学家、推销专家，由其从各个角度、各个层次对可能产生的广告效果进行预测。这种方法简便易行、效果好、费用低，在选择专家时一定要注意其权威性，而且各位专家要能代表不同的创意风格，以保证专家评价的全面性、准确性。

（二）消费者意见法

消费者意见法就是让消费者给广告文本和媒体组合方式打分。一般有两种方式：积分计算法和配对比较法。

1. 积分计算法

积分计算法是让消费者在选定的态度量表上选择自己对广告的态度，然后再将这些态度汇总统计，进行量化分析。态度量表如表 9-1 所示。

表 9-1　态度量表

非常赞成	赞成	无所谓	不赞成	非常不赞成
(5)	(4)	(3)	(2)	(1)
……	……	……	……	……

这种方法简便易行，但必须注意所选择的消费者应有一定的代表性，他们对广告的态度要能够真实地反映出实际消费者的反应。

2. 配对比较法

配对比较法就是每次只测试两个广告方案，让消费者两两对比，选择出最喜欢的一个，再将第一轮选出的广告方案两两一组，让消费者再次选择，经过一轮一轮的对比筛选，直到消费者最后选定一份最满意的广告方案为止。然后，将每位消费者的选择结果综合起来分析，就可以预测出正式推出广告方案时的情况。这种方法成功的关键与积分计算法相同，被调查的消费者一定要有代表性，能反映实际消费者的心态。

（三）投射法

投射法就是用引导的手段，诱使调查对象在查看广告资料后自由发表意见。比如，将一幅广告作品做短暂的展示，让消费者立刻讲出或写出几个他当时想到的词，以此判断出消费者在看到广告作品后的心理反应。投射法具体包括以下几种方法。

1. 自由联想法

根据调查需要，向调查对象指明联想方向，然后让其自由想象。比如，心情联想（干净、肮脏、好坏……）；叙述联想（小鸟——会唱歌……）；状态联想（冬天——很冷……）；动作联想（化妆品——擦、抹……）；因果联想（打斗——受伤……）；要素联想（手表——发条……）；等等。通过调查对象联想出来的这些词组，可推测出消费者的态度。

2. 语句完成法

语句完成法即填空，给出几个不完整的句子，让调查对象填充完成。如“我认为××电视节目是______的节目”“很多人认为××电视节目是______的节目”“要买彩电就买______牌”“要喝果汁就喝______牌”。在句子中，主语可以是第一人称，也可以是第三人称，调查对象往往以第三人称来表达自己的态度。另外还可以采用看图说话的方法进行调查。

（四）机械测试法

机械测试法是指运用若干种心理、生理测定仪器，来测定消费者看到或听到广告作品后的心理、生理反应。这种方法可以更真实、更细致地了解消费者对广告作品的态度。常用的测定仪器有以下几种。

1. 生理电流计

生理电流计又叫皮肤电气反映测验器，即让被检测者看或听广告作品，与此同时通过监视仪，观察被检测者的不同情绪反应所引起的不同电流变化，以此为根据来检测广告作品的优劣。

2. 瞳孔照相机

这是一种记录眼球活动的装置，此法是根据被调查者注视广告作品时，瞳孔扩张的程度来判定广告作品的吸引力。

3. 视觉摄影机

它可以记录被检测者注视广告作品时，眼球移动的时间长短和顺序，以此来检测广告作品引人注目的程度、使消费者感兴趣的部分以及视觉流程路线的轨迹。

4. **瞬间显露器**

它是通过广告作品的瞬间闪现，让测定对象予以辨认，来判定广告作品的辨认度和记忆度。

机械测试法可以更真实细致地了解消费者对广告作品的反应，以此判断出其真实想法和口头表述之间的差距，为修改广告作品提供充分的依据。

四、媒体效果前测

媒体效果前测是指在广告计划投放发布之前，测评广告通过某个媒体到达目标受众的传播效果。在广告效果前测的三个层次中，媒体效果的评价在实践中发展得较为完善，有一系列可供参考的指标，比如：报纸广告的发行量、阅读占有率、区域覆盖率、累计达到率、毛评点、千人成本等。但是这类指标只能反映媒体投放的有效性，无法准确评估广告效果。

一般来说，广告费用的85%以上都用来购买媒体，而传播媒体又是连接广告主与目标消费者的桥梁。因此，媒体整体计划是否周密、系统、科学，媒体的选择是否准确恰当，是衡量广告效果的一个重要方面。如果媒体选择不当，或者媒体组合不合理，广告受众就可能接触不到广告信息，广告传播效果就会大打折扣，也就实现不了既定的广告目标，造成广告费用的极大浪费。

（一）广告媒体组合测评

广告媒体组合测评，也就是评估媒体整体计划是否科学与正确，选定的媒体及其优势、主次搭配与组合是否能针对目标市场进行有效的影响。通常测评的内容有：

（1）广告媒体的选择是否正确、恰当，能否提升传播总效果（GRP），进而形成整体宣传合力；

（2）媒体所传播的广告信息是否能被覆盖区域的所有目标消费者接触到；

（3）各类不同媒体的传播优势是否相互辉映、达到优势互补，重点媒体与辅助媒体的搭配是否主次明确、科学合理；

（4）媒体传播影响力的聚焦点是否与广告的核心诉求相吻合；

（5）媒体的一些主要指标，如发行量、覆盖率、阅读率、视听率近期有无变化；

（6）各类不同媒体组合的整体传播效果怎样，是否达到了降低相对广告成本的目的；

（7）所选择的媒体是否符合目标消费对象的接触习惯、人群特征，是否对其产生了应有的影响力；

（8）是否考虑到了竞争对手的广告内容、广告策略、媒体组合情况，如与竞争对手媒体组合相比较是否具有竞争力。

（二）广告媒体效果测定的方法

广告媒体效果测定，也就是调查消费者对于各种媒体，如报纸、杂志、电台、电视、户外广告、POP终端广告等的接触情形。广告媒体效果测评通常根据三个标准进行：一是媒体分布，如报纸、杂志的发行量，电视广播的到达范围，户外广告的可视率、装置位置情况。二是媒体的受众群，是指读者群和收视群。三是广告的受众群，是指各媒体刊播的广告的接触群体。后两者的测量主要是考察媒体受众群与广告受众群之间的关系，以便于参考做出更科学、合理、精确的媒体计划。

广告媒体效果的主要测定方法根据媒体的不同特质分为两大类：印刷媒体的测定方法和电子媒体的测定方法。

1. 印刷媒体的测定方法

印刷媒体主要是报纸、杂志、直邮、画册、POP宣传资料以及户外招贴广告。常见的测定内容包括：报纸、杂志等的发行量、读者对象、阅读状况。

2. 电子媒体的测定方法

广告电子媒体通常指的是广播、电视、有线或者无线数码视屏媒体等。主要是通过视听率调查来测定广告媒体的接触效果。目前通用的视听率调查方法有以下几种：

（1）日记调查法。

由被调查者（抽样选出）将每天所看到或听到的节目一一填入调查问卷（见表9-2）。主要以家庭为单位，把全部成员收看（听）节目的情况按性别、年龄等类别填好。一般调查期间为一周或更长。在此期间，必须有专门的调查员按期上门督促填好问卷，调查结束后，收回问卷。经过统计分析得出的百分比，就是视听率。

表9-2　视听率调查问卷表

＿＿年＿月＿日（星期＿）

时间	电视台/电台	节目	4～12岁		13～19岁		20～34岁		35岁以上		全体
			男	女	男	女	男	女	男	女	
19:00—20:00	CCTV1										
	BTV1										
	CCTV新闻										

（2）回忆情景调查法。

在节目播出后当天，如果是下午或晚上的节目就在次日上午，调查人员立即进行访问调查，请被调查者回忆所看到的节目。从调查视听率角度而言，调查访问的时间离节目播出时间不能太久，以免被调查者遗忘广告内容。对于调查目标对象对节目或电视台的态度而言，这是个可行的办法。问卷设计在日记调查法的问卷基础上稍做修改即可。

（3）电话拜访调查法。

顾名思义，就是向目标对象打电话拜访并询问广告受众正在观看的节目。

（4）机械调查法。

较早采用机械装置进行收视率调查的公司有美国尼尔逊公司（Nielsen A. C. Co.）和日本电通广告公司。这种方法是指在目标对象家中安装自动记录装置，按照时间自动在装置内的软片上记录下目标对象所观看的电视台、电视节目等。随着机械装置的不断发展，装置也能够自动识别收看电视者的性别、年龄等信息。机械调查法可以以家庭为单位进行统计，也可以以个人为单位进行统计。

任务三　广告效果中测与后测

广告效果中测与后测，是指我们在实施与执行广告活动的过程中，或者在广告活动结束后，对广告进行事中或事后的效果测评。

一、广告效果中测与后测概述

（一）广告效果中测

广告效果中测就是在广告活动进行的同时，对广告效果进行测量。其主要目的是检测广告前测中未能发现或确定的问题，以便及时加以解决。这种测验大多是在实际情景中进行的。

广告效果中测的主要优点是：同广告效果后测比，它能及时收集反馈信息，依据这些信息能发现广告沟通中的各种问题，并能迅速有效地加以纠正。同在人为模拟的情境中、在较小范围内进行的广告效果前测比，广告效果中测是在实际市场中进行的，因而所得结果更真实、更有参考价值。

（二）广告效果后测

广告效果后测就是在整个广告活动结束后对广告效果加以评估。它是根据既定的广告目标测量广告结果，因此，测量内容视广告目标而定，包括品牌知名度、品牌认知、品牌态度及其改变、品牌偏好及购买行为的测评，以及销售效果测评等。

在美国，广告效果后测几乎成为广告主和广告公司的惯例。和广告效果中测相同，广告效果后测也是在实际中进行的。其作用主要是：第一，评价广告活动是否达到了预定的目标；第二，为今后的广告活动提供借鉴；第三，如果采用了几种广告方案，可对不同广告方案的效果进行比较。

二、广告效果中测的主要方法

（一）广告经济效果中测

广告经济效果中测的主要方法有：实地考察法、实验法、促销法等。

1. 实地考察法

即在零售商店或超市的货架上进行直接调查。

2. 实验法

其中较为常用的是销售地区测定法。

3. 促销法

即选择两个区域，第一个区域不发布广告，只进行促销活动；第二个区域既发布广告又进行各种促销活动。经过一段时间，将两个区域的销售量进行比较，测出广告效果在促销活动效果中所占的比重。

（二）广告心理效果中测

广告心理效果中测的主要方法有函询法和隔日回忆测试法。

1. 函询法

这种方法通常是采用调查问卷的形式以反馈数对广告心理效果进行测定。

2. 隔日回忆测试法

在广告刊播的第二天，或是一周内，用电话或定点访问方式，调查消费者对广告的记忆认知兴趣程度，从而确定广告的影响力是否与事先设定的结果相符、是否需要调整。

（三）广告媒体效果中测

广告媒体效果中测除了可以使用广告媒体效果前测的方法，还可以用如下两种方法。

1. 回条法

即在报纸、杂志、商品包装等印刷广告上设一特定的回条，让受众在阅读广告后将其剪下寄回，以此来了解广告的接收情况。

2. 分割测定法

此法是回条法的变形，它比回条法更复杂和严格，具体操作是将两种广告文本在同一期的广告媒体公开刊出，一半份数刊登一种广告文本，另一半份数刊登另一种广告文本，通过回条的回收情况来测定哪一种广告文本效果更好。此法在国外很常见，但在国内则很少使用，关键在于印刷排版比较困难，广告媒体一般拒绝接受这种做法。

三、广告效果后测的主要方法

在实际的广告效果后测中应用较广的是事前事后法和小组比较法。

（一）事前事后法

事前事后法，就是实际调查广告活动前后的销售情况，以事前、事后的销售额、利润额并结合广告费等因素，作为衡量广告经济效果的数量指标。

（二）小组比较法

小组比较法是在广告推出后利用广告效果作为衡量指标的一种方法。比如在广告推出后调查两种情况，一是消费者有没有看广告，二是消费者有没有产生购买行为，从而进行比较。

任务四　广告社会效果测评

一、广告社会效果测评的定义

广告社会效果是指广告在社会道德、文化教育等方面的影响和作用。广告能够传播商品知识，可以影响人们的消费观念，会被作为一种文化而流行推广。由于广告所具有的特性，广告所产生的社会效果是深远的，需要重视和引导。

二、广告社会效果测评的方法

广告社会效果的测评方法要根据不同情况而定。当测评广告的短期社会效果时，可采用事前事后测量法。通过接触广告之前、之后的消费者在认知、记忆、理解以及态度反应方面的差异比较，可测评广告的短期社会效应。具体的操作手段与测评广告传播效果的方法大体相同。

当测评广告的长期社会效果时，需要运用较为宏观的、综合的、长期跟踪的调查方法。长期社会效果的测评包含对短期效果的研究，但是还远不止这些，同时要考虑广告在复杂多变的社会环境中所产生的社会效果。这方面的研究更多属于人文科学范畴。

二、广告社会效果测评的依据

测评广告所产生的社会效果，应进行综合考察评估。其基本依据是一定社会意识条件下的政治观点、法律规范、伦理道德和文化艺术标准。在不同的社会意识形态下，调整、制约广告社会效果测评的标准也是不一样的。同时，测评广告社会效果，往往不能量化，因为社会效果不可能以简单的一些指标数字来标示衡量。广告社会效果的测评既要通过一些已经确定的或约定俗成的基本法则来测定和评价，又要结合其他的社会因素来综合考评。

广告社会效果测评的依据主要有以下方面。

（一）真实性

广告所传达的信息内容是否真实是测评广告社会效果的首要依据。广告发挥影响和作用，应该建立在真实的基础上，向目标消费者实事求是地诉求企业和产品（服务）的有关信息，企业的经营状况、产品（劳务）的功效性能等都要符合事实的原貌，不能用虚假信息误导消费者。广告诉求的内容如果造假，那所形成的社会影响将是非常恶劣的，这不仅是对消费者利益的侵害，而且不利于社会伦理道德和精神文明建设。而真实的广告，既是经济发展、社会进步的再现，也体现了高尚的社会风尚和道德情操。所以，检测广告的真实性，是考察广告社会效果的最重要的内容。

（二）法规政策

广告必须符合国家和政府的各种法规政策的规定和要求。以广告法规来加强对广告活动的管理，确保广告活动在正常有序的轨道上进行，是世界各国通行的做法。法规管理和制约具有权威性、规范性、概括性和强制性的特点。一般来说，各个国家的广告法规只适用于特定的国家范畴，如我国于 1995 年 2 月 1 日开始实施的《中华人民共和国广告法》，就是适用于我国境内的一切广告活动的最具权威的专门法律。而有一些属于国际公约性质的规则条令等，则可国际通行，如《国际商会广告行为准则》就是世界各个国家和地区都要遵从的。

（三）伦理道德

在一定时期、一定社会意识形态和经济基础之下，人们要受到相应的伦理道德规范的约束。广告传递的内容以及所采用的形式，也要符合伦理道德标准。符合社会规范的广告也应是符合道德规范的广告。一则广告即使合法、属实，也可能给社会带来负面影响，给消费者造成心理和生理上的损害，这样的广告就不符合道德规范的要求，如暗示消费者盲目追求物质享受、误导儿童撒娇摆阔等。对于广告的社会效果，要从建设社会精神文明的高度来认识，以有利于净化社会环境、有益于人们的身心健康的标准来衡量。

（四）文化艺术

广告活动也是一种创作活动，广告作品实际上是文化和艺术的结晶。由于各种因素的影响，不同的地区、民族的文化特征、风俗习惯、风土人情、价值观念等会有差异，因而对广告也有着不同的评判标准。总的来看，广告应该对社会文化产生积极的促进作用，推动艺术创新。一方面要根据人类共同遵从的一些艺术标准，另一方面要从本地区、本民族的实际出发，考虑其特殊性，对广告的社会效果进行衡量评估。在我国，从文化艺术方面对广告的社会效果进行测评，就要看广告诉求内容和表现形式能否有机统一；要看能否继承和弘扬民族文化、体现民族特色、尊重民族习惯；要看所运用的艺术手段和方法是否有助于文化建设，如语言、画面、图像、文字等表现要素是否健康、高雅，摈弃一切低俗的东西；要看能否科学、合理地吸收、借鉴国外先进的创作方法和表现形式；等等。

任务五 广告测评的步骤与报告内容

一、广告测评的步骤

广告效果前测、中测和后测的步骤大体上都可以划分为确定目标、制定方案、实施测评、整理分析、撰写报告等程序。

第一步，确定目标（主题）。广告测评的工作是有很大目的性的，因此在广告测评的实际操作中首先要确定明确清晰的测评目标（包括经济测评、心理测评、媒体测评、社会测评的目标）以及测评主题。

第二步，制定方案。在确定目标后，就要制定相应的测评方案，其中包括时间、地点、人员组成、模式、方法、费用、时间进度、日程控制方法、奖罚等内容。

第三步，实施测评。

(1) 组建测评调查研究组，也就是实施执行测评方案的专业研究人员，其中包括项目统筹、监控、分析、统计等人员。

(2) 深入调查。收集宏观资料和微观资料，广告测评所需的资料是多层次、多方面的，只有采集记录的资料越全面，调查中所获信息量越丰富，研究分析的测评报告结果才能越准确与真实。

第四步，整理分析资料。

第五步，撰写分析报告。

二、广告效果测评报告内容

广告效果测评报告的内容主要包括：

(1) 序言：阐明测评广告效果的背景、目的与意义。

(2) 广告主概况：说明广告主的人、财、物等资源状况，广告主广告活动的规模、范围和方法等。

(3) 广告效果测评的调查内容、范围与基本方法。

(4) 广告效果测评的实施步骤。

(5) 广告效果测评的具体结果。

(6) 改善广告促销的具体意见。

项目小结

● 广告效果是指广告主把既定的广告信息通过广告媒体进行传播之后，产品信息、广告作品和广告相关的活动对广告受众所产生的影响，或者说是指媒体受众对广告效果的结果性反应。把这些结果与广告主既定的广告目标进行比较，从而对广告好坏程度得出的评价。

● 广告效果的特征：时间的延迟性、累积效果性、间接效果性、广告的竞争性。

● 广告效果前测包括经济效果前测、心理效果前测、媒体效果前测。

● 广告效果中测的主要方法：广告经济效果中测的方法主要有实地考察法、实验法、促销法；广告心理效果中测的方法主要有函询法和隔日回忆测试法；广告媒体效果中测的方法主要有回条法、分割测定法。

● 广告效果后测的方法主要有事前事后法、小组比较法。

● 广告社会效果的测评的依据是真实性、法规政策、伦理道德和文化艺术。

● 广告效果测评的主要步骤：第一步，确定目标（主题）；第二步，制定方案；第三步，实施测评；第四步，整理分析资料；第五步，撰写分析报告。

● 广告测评报告内容：

(1) 序言：阐明测评广告效果的背景、目的与意义。

(2) 广告主概况：说明广告主的人、财、物等资源状况，广告主广告活动的规模、范围和方法等。

(3) 广告效果测评的调查内容、范围与基本方法。

(4) 广告效果测评的实施步骤。

(5) 广告效果测评的具体结果。

(6) 改善广告促销的具体意见。

案例分析

以下为本项目引子中的案例测试的三个广告，请为该专业美颜保健产品的系列广告创意和策略撰写前测分析报告，为该产品的广告样本调整与纠错提供全面、客观的评估信息。

广告一：《扮靓篇》。

两场座谈会85%的与会者对此广告的第一印象很好，此广告是她们最喜爱的广告。

广告中，“家庭”与“工作”是已婚女性在生活中的两个“重担”。但是在柴米油盐的家居琐事之外，她们在举手投足间就能轻松健康扮靓，“保健协同养颜美容”是一件充满生活乐趣的事，这也是生活的一部分，对此与会的已婚女性都希冀与认同。

广告主题语“举重若轻”，是吸引目标消费者的另一因素。如何能轻松扛起责任，并能“轻而易举地扮靓”更是她们所希望知道的，因此，这简洁的广告词诱导了目标消费者去深入了解该品牌以及系列产品。

广告二：《生日篇》。

已婚女性与未婚女性都认为这篇广告最有说服力。开始与会者对这则广告的第一印象并不太好，觉得画面元素较多，有点复杂，整个画面看起来不够唯美简洁。另外，广告主题“意想不到的惊喜”有点夸张。

而通过仔细地阅读后，已婚与未婚的女性与会者均表示此广告最有说服力，能引起她们的消费欲，原因是该广告通过描述爱人的温情与呵护，体现出男女之间关爱的情意，这种情感大家都有切身感受，这会激发她们的购买动机。

广告三：《关爱篇》。

这篇广告对女性具有很强的说服力，其原因是“传递爱心，关爱自己”的广告词道出了女性的心声，给人一种温馨感，这一点最打动女性的心。

广告画面中人物笑得很健康、温馨，充满深情，看上去让人心情愉悦、舒畅，且突出了“健康”的概念。该品牌的基础色调是绿色，也代表着健康、天然的概念诉求，因此，这则广告能准确地诠释产品概念与品牌文化特色。

请在老师的指导下，划分小组后，根据下面的要求进行分析训练：

(1) 评估各测试的杂志广告对消费者的吸引力如何、跳出率怎样。

(2) 了解各测试的杂志广告能否被消费者正确理解、什么地方容易产生误解。

(3) 了解各测试的杂志广告对于××品牌提升的影响。

(4) 了解各测试的杂志广告对于消费者购买愿望的影响。

(5) 了解消费者对测试的杂志广告的改进建议。

(6) 对于测试的杂志广告投放媒体的建议。

基本训练

1. 训练说明

在当地电视频道、报纸或者杂志上播出或刊登的广告中选择一则具有代表性或者典型的广告，然后对其做出相关的广告测评，具体要求如下：

(1) 从媒体效果测评的层面，根据印刷媒体或者电子媒体的测定指标与方法进行测评。

(2) 从心理效果测评的层面，对该广告进行测评。

(3) 在以上的基本训练过程中，须按照本项目中提到的广告效果测评的步骤、内容、方法进行训练。

2. 广告效果测评实训成果表

<table>
<tr><td>项目名称</td><td colspan="5">广告效果测评实训</td></tr>
<tr><td>实训类型</td><td colspan="2">模拟项目</td><td>实训地点</td><td colspan="2">多媒体实训室</td></tr>
<tr><td>姓名</td><td></td><td>实训内容</td><td></td><td>指导教师</td><td></td></tr>
<tr><td colspan="3">评价内容</td><td colspan="2">成绩评定标准</td><td>成绩</td></tr>
<tr><td colspan="3">运用本项目中所学过的相关知识对一则广告进行广告心理效果测评，该成绩占个人成绩的50%</td><td colspan="2">1. 符合广告效果的测评步骤（20分）
2. 符合广告效果的测评方法（20分）
3. 要有分析和建议（10分）</td><td></td></tr>
<tr><td colspan="3">每个人提交一份实训总结，实训总结占个人成绩的50%</td><td colspan="2">1. 必须涵盖对此次实训过程的描述和此次实训的经验总结
2. 不得少于500字</td><td></td></tr>
<tr><td colspan="5">总成绩</td><td></td></tr>
</table>

【注意】

（1）以上所有作业一律使用 A4 纸，手写、打印都可以。如打印，标题用三号字、正文用小四号字，在每页的页脚中心位置标明页码。

（2）所有作业按代码顺序装订成册存档，无存档资料为无效实训。

项目十 企业的广告管理

引子：

某直饮水企业创建功能水饮料品牌，在与广告公司合作期间需成立广告部门对企业的广告进行管理，那么，如何设置广告部门？如何选择广告公司？怎样确定广告方向？行动方案的奥秘何在？日常广告管理如何有效展开？

理论目标

1. 了解企业广告部门的设置。
2. 理解广告部门每个岗位的职能划分。
3. 掌握选择广告公司的方法。
4. 掌握广告方向的确定。
5. 理解行动方案的制定。

能力目标

1. 具备企业广告部门的设置能力。
2. 具备对广告部门每个岗位的职能划分能力。
3. 具备选择广告公司的能力。
4. 具备广告方向的确定能力。
5. 具备行动方案的执行力。

任务一 广告部门的设置

广告部门一般隶属于主管市场的副总经理或者市场部经理，部门设置的首要工作是人员的安排，然后是赋予部门工作职能和安排部门每个人的岗位职责。

一、广告部门组织架构

企业广告部门一般主要由这几类人员构成：广告部经理、广告项目主管、媒体策划专员、平面设计师、市场（文案）策划专员、广告策划专员等，如图 10－1 所示。

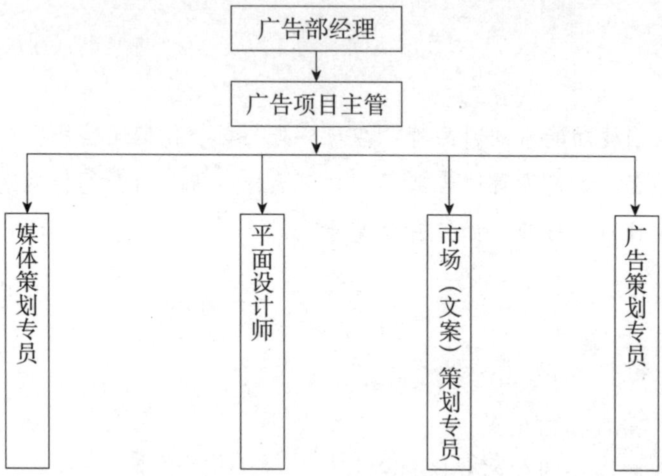

图 10－1　广告部门组织架构

二、部门职能

（1）制定品牌中长期广告传播规划。

（2）制订品牌阶段性广告计划。

（3）制定品牌文化发展规划和传播策略。

（4）策划市场促销活动方案并指导实施，根据品类销售状况制订分品类营销计划。

（5）策划大型会议并配合其他部门共同组织执行。

（6）制定新产品上市方案。

（7）主导制定公司 VI、CI、BI 系统，确定产品包装和整体形象设计。

（8）选择、制作、审核和规范使用各种促销物料，编撰相关图像和文字资料。

（9）制定企业和品牌的内外部广告公关策略、方案并予以执行。

（10）配合其他职能部门开展销售、培训和运营工作。

（11）密切关注行业和市场发展，收集相关信息。

（12）完成其他与广告策划相关的工作。

三、岗位责任

（一）广告部经理

（1）协助营销、策划总监负责企划方案、广告策划案的撰写和统筹。

（2）负责重要项目提案的撰写和提报。

（3）根据公司发展战略目标，组织制定广告策略和目标，包括创意策略、媒体策略、广告促销策略等。

（4）策划大型会议并配合其他部门共同组织执行。

（5）制定新产品上市广告传播方案。

（6）主导制定公司 VI、CI、BI 系统，确定产品包装和整体形象设计。

（7）选择、制作、审核和规范使用各种促销物料。

（8）制定企业和品牌的内外部广告公关策略、方案并予以执行，针对广告策划工作与公司其他部门沟通。

（9）围绕方案组织项目的市场调研。

（10）负责广告部的市场研究和指导工作。

（11）协助营销、策划总监，倡导广告部团结协作，营造团结进取的良好氛围。

（12）负责制订本部门的工作计划。

（13）负责控制部门预算，降低费用成本。

! 提示

广告项目主管的岗位职责与广告部经理基本相同，但职责范围仅限于某个广告项目，并就该项目对广告部经理负责。

（二）市场（文案）策划专员

（1）协助广告部经理工作。

（2）根据市场实际、品牌资源和企业发展目标，制订品牌中长期发展计划，以及品牌战略和阶段性的市场营销计划。

（3）密切关注行业发展变化，找寻发展机遇，参与制定公司中长期、年度、阶段性的品牌发展规划。

（4）定期收集分析行业发展、市场营销动向、竞争品牌、消费需求、女性时尚流行潮流等方面的信息，并向广告部主管提供准确、客观、翔实的市场调研分析报告。

（5）正确结合企业、品牌、产品、渠道、网络实际，参与拟定常规促销、节日促销、季度促销、年度销售方案。

（6）协助广告部主管拟定大型项目策划、战略方案，品牌 VI、BI、MI 识别系统的策划与执行方案，新产品上市、常规促销、阶段性促销方案，包括销售目标、目标市场、推广手段、宣传策略等，并配合销售部执行实施。

（7）根据已审批的方案与项目，认真完成项目实施过程中的助销品申购、报批、文案创意撰写、文字校对等工作。

（8）对现有产品销售和使用情况进行定期监督，收集市场反馈，及时向部门主管上报，并提出建议。

（9）必须了解掌握现有产品在架构、功效、概念、价格、系列分类等方面的基本知识。

（10）保守公司相关机密。

（11）完成其他广告部相关工作和上级交给的其他任务。

（三）广告（媒体）策划专员

（1）协助广告部主管工作。

（2）根据市场实际、品牌资源、品牌目标、销售任务，制订品牌中长期广告传播任务计划，以及阶段性的广告投放计划。

（3）密切关注行业发展变化，找寻有利的公关、媒体宣传、品牌传播机会，参与制定公司中长期、年度、阶段性的品牌传播推广规划。

（4）定期收集分析行业权威杂志、DM、报纸等宣传资料，了解最新行业广告传播、会议营销、媒介开发动向，分析了解竞争品牌信息传播的渠道和载体，并向广告部主管提供准确、客观、翔实的调研分析与传播分析报告。

（5）正确结合企业、品牌、产品、渠道、网络实际，制订常规促销、节日促销、季度促销、年度方案的宣传计划和方案。

（6）协助广告部主管拟订大型项目的广告宣传、公共关系、会议执行等工作方案，配合品牌 VI、BI、MI 识别系统的策划与执行，参与新产品上市、常规促销、阶段性促销方案的制定，并配合销售部执行实施。

（7）根据已审批的方案与项目，认真完成项目实施过程中的广告宣传、投放排期、文案创意撰写、广告设计、文字校对等工作。

（8）对现有媒体投放、广告效果、宣传实效情况进行定期监督，收集反馈，及时向部门主管上报，并提出解决办法与建议。

（9）掌握现有常规宣传媒介在价格、发行量、目标受众、接触率、传播特点、覆盖区域等方面的基本数据与资料。

（10）保守公司相关机密。

（11）完成其他广告部相关工作和上级交给的其他任务。

（四）平面设计师

（1）协助广告部经理的相关工作。

（2）根据创意目标、广告策略、品牌文化，制订相关平面项目设计规划以及阶段性的广告设计计划。

（3）定期收集分析相关杂志、DM、报纸等宣传资料，了解行业最新广告设计、创意、广告印刷工艺、新广告材料，分析了解竞争品牌。

（4）根据市场需要，对广告费用预算标准、广告制作工程、工艺创新、印刷输出、色彩校对、后期加工等环节进行管理与监控。

（5）协助广告部主管进行大型项目平面设计工作，配合品牌 VI、BI、MI 识别系统的策划与设计表现执行。

（6）根据已审批的方案与项目，认真完成项目实施过程中的广告平面创意、设计、输出、制作、文案撰写、文字校对等工作。

（7）对现有广告效果、广告创意、宣传实效情况进行定期分析，收集反馈，及时向部门主管上报，并提出解决办法与建议。

（8）编撰相关图像和文字资料。

（9）保守公司相关机密。

（10）完成其他广告部相关工作和上级交给的其他工作。

四、广告部门的人员素质

（一）广告部经理

广告部经理应该熟练掌握以下知识：

（1）市场营销知识。企业的广告策略是企业市场营销策略的一部分，无论是促销还是树立企业形象，广告的目的最终都是销售。因此，作为企业的广告部经理，首先必须懂得市场调查、营销内外部情况分析、确定目标市场、市场营销要素 4C 创意组合、企业的广告策略与市场营销策略有什么关系和如何配合等。

【注意】

市场营销知识是广告部经理必备的基本知识，也是最重要的知识，企业的广告部经理在这方面必须打下扎实的基础。很多企业过于重视广告部经理的其他素质，如创意能力

（很多广告主关心的“点子”）、审美能力等，而忽视了对广告部经理市场营销知识的要求，这样做是很危险的，很容易导致广告同企业的市场营销脱节，为广告而广告。尤其是有些人在创意和审美等方面能力很强、在社会上有一定的知名度，企业的营销部门对这些人的依赖性较强、约束力较弱，如果这些人没有扎实的市场营销知识，那么后果是相当严重的。

（2）广告知识。如何制定广告预算、怎样确定广告目的、如何制订广告计划、诉求点怎么确定、创意策略及创意评判标准是什么、媒介应如何组合、什么时候要测定广告效果、怎么同广告公司合作，这些知识广告部经理都要具备。

！提示

关于广告知识这里有几点说明：

（1）主要是要知道要做哪些、找谁来做、要注意什么问题、做到什么程度、要达到什么目的、事情做完后如何判断好坏等。广告部经理要具备这样的决策力首先自己要懂创意与策略，最好有这方面的工作经验。

（2）要深刻掌握广告的基础原理和概念，并在实际中能灵活运用。

（3）广告部经理的培养要有一个循序渐进的过程，对于有广告公司背景的人，要让他熟悉企业的广告和营销情况才能加以委任；而对于企业广告部或者营销部的人，要培养他们的管理能力和知识全面性以后才能让他从事广告部经理的职位。

（3）其他辅助性知识。广告是通过广告创意来表现的，而广告创意需要丰富的知识储备，比如，艺术审美知识、媒体知识、心理知识等，因为这些知识能帮助广告部经理履行好他的工作职责。

此外，广告部经理还应具备以下能力：

（1）沟通能力和管理能力。作为企业的广告部经理，对上要领会领导的意图，要说服领导接受自己的建议；对下要充分调动手下的积极性，使其高质、高效地完成任务；对外要同广告公司、市场调查公司、媒介单位合作；对内要同公司内部的销售部门、市场部门沟通。因此，管理能力和沟通能力是企业广告部经理必备的素质之一。

（2）思维能力。广告部经理必须具备创新思维、很强的想象力、对问题归纳和演绎的能力、敏锐的洞察力、决策能力、策略思考能力。

（二）项目主管

广告部门在与广告公司、媒体单位、制作单位合作时，常常涉及参与创意讨论会、搜集整理并向对方提供必要的资料、跟踪项目的进展进度等具体工作，这些工作较为烦琐复杂，需要项目主管来协助完成。

如果公司项目主管数量较少，项目主管负责的工作较全面，那么就要求项目主管有较全面的素质，甚至接近广告部经理。但是，由于项目主管只负责具体工作，因此，对于市场营销及广告知识，要求有一定程度的了解即可，不必要求必须有扎实的专业基础。

对于项目主管数量较多的公司，项目主管往往只负责某一类工作。比如，有的负责展览会、有的负责产品包装、有的负责媒体发布跟踪等。对于该类主管，要求精通本职工作即可，不必一定要有全面的知识。

（三）设计人员

设计人员要能够熟练操作计算机的平面设计软件，具备一定的艺术审美及美术创意表达能力，并且要具有创新的思维习惯。

（四）策划人员

文案策划要具有一定的广告和营销知识、文字表达能力，具有策略思考的能力。媒介策划人员要熟悉各种媒体的特点及运作，具有媒体组合的能力，同时也要具有文字表达能力。

任务二 广告公司选择

企业做广告要学会使用内脑和外脑，内脑是企业的广告部门，外脑是广告公司。内外脑同时使用并且分工明确才能将广告做好。广告公司由于接触众多的企业，懂得广告的普遍规律，而企业的广告部门了解企业的具体状况，只有把广告的普遍规律和企业的具体情况相结合，广告才能达到预期的效果。另外，广告公司的一个专业人员可以同时为多家客户服务，在市场资料购买、媒体监控等方面都可以做到多家客户资源共享，从而摊薄成本。因此，广告公司选择在企业广告管理中十分重要。广告公司选择的程序分为如下几步。

一、前期工作

首先要做好人员准备，组建由3～5人组成的选择小组，在企业营销部门负责人的领导下开展工作。选择小组的主要任务包括以下方面。

（一）明确广告公司的类型

1. 全面服务型广告公司

全面服务型广告公司是可以为客户提供包括市场调研、广告计划的制订、创意设计、媒体购买及监控、广告效果测定、营销咨询等在内的全方位服务的广告公司。目前来说，尽管国内广告公司的数量很多，但全面服务型广告公司的数量很少，主要集中在北京、上海、广州等少数大城市。

全面服务型广告公司一般客户数量较少，但较为稳定，每一个客户的业务量都很大。

小知识

4A广告公司

4A原是美国广告代理公司协会（American Association of Advertising Agencies）的简称，后来演变为广告公司顶尖水平的标志。4A广告公司是全面服务型广告公司的最高层次，它们除了能为客户提供全方位的广告服务，最主要的特点是在服务内容和收费方面都有了一套统一的规范，而且，在广告策划、创意和表现手法上，已形成了一整套有理论、有成功先例的技术。

在中国，4A级别的广告组织于1996年在广州率先诞生。广州经济高速发展带动了广告业的发展，出于行业的自律与自我规范的意识，广州地区18家知名广告公司发起、广州市广告协会批准成立了广州地区综合性广告代理公司委员会（Association of Accredited Advertising Agents of Guangzhou），简称“广州4A”。

在中国已经有多家4A广告公司，如盛世长城、电扬广告、广旭广告等。随着国内广告业的发展，一些大的广告公司也开始在服务内容、收费方式、广告策划及创意技术等方面向4A看齐，自觉遵守4A的规范。在这种情况下，4A已不再是严格意义上的组织，而是4A规范的代名词。一般来说，4A公司要求独家代理一个企业或品牌的所有广告，同时，4A公司在接受广告主委托时会做出承诺：不再代理其他类似产品的企业或品牌的广告。

2. 有限服务型广告公司

这些公司不具备综合性服务能力，只从事企业广告活动的一部分 。一般来说，这类公司大多只负责广告的策划、设计、制作和发布，不负责市场调查与广告战略的制定等。虽然这些广告公司不如全面服务型广告公司那么专业，但是，有些在特定的领域内（如创意和设计）水平甚至超过全面服务型广告公司。此外，这些公司一般规模小，收费相对低廉。因此，对于那些业务量较少，不被全面服务型广告公司所重视的广告主来说，有限服务型广告公司不失为一个好的选择。与这类广告公司合作，要求企业的广告部门对整个广告运作把控能力要强，同时可能还要与一些其他的相关公司合作，如市场调查公司、品牌策划公司等。

3. 其他相关公司

除广告公司之外，企业在进行广告活动的过程中还会经常接触到一些其他相关的公司。

（1）咨询公司。

这是指为企业提供管理咨询、企业诊断以及人员培训等服务的公司，这些公司拥有一定数量的专家学者，依靠其扎实的专业理论知识和丰富的实践经验为企业提供专业服务。企业的广告活动通常需要咨询公司的协助，如市场分析和定位、品牌策划等。

！提示

近年来，国内一些“点子公司”也自称咨询公司，这些公司哪怕名气再大，实际上也只是冒牌咨询公司，因为，凡事讲求调查研究的咨询公司同动辄“拍脑门行事”的“点子公司”实在有天壤之别。

由于部分城市的工商行政管理部门限制广告公司的发牌，因此，一些新成立的广告公司只好注册为“咨询公司”，这些公司实际上仍然是广告公司，而不是咨询公司。

（2）市调公司。

这是指利用专业软件和工具，为客户提供抽样调查、座谈会等市场调研服务的公司。广告公司一般会自己进行一些简单的市场调查，而涉及市场定位、媒体研究、广告效果测定等较为复杂的市场调研，广告公司往往会借助专业市调公司的力量，由广告公司提出调研要求，由市调公司完成调研、提交调研报告。

小知识

随着专业分工的发展，目前国内已出现了专门提供媒体收视率调研等服务的公司，如索福瑞。广告公司可直接向这些公司购买媒体收视率报告。

（3）广告制作公司。

这是指专门负责进行广告礼品、POP、灯箱、招牌以及影视广告片等制作的公司。广告制作公司在创意、策划上能力较差，但在制作上有自己的专业优势，因此，有时全面服务型广告公司和有限服务型广告公司在完成创意、设计后，往往把最后的制作环节交由广告制作公司完成。

(4) 媒体单位。

报社、电视台、电台、杂志社、户外媒体的所有者等均为媒体单位。

由于国内广告市场还不是很规范，许多媒体单位会跨过广告公司直接跟广告主合作。这种情况下，广告主仍然应通过广告公司进行策划设计，再拿到媒体单位发布，而不能连策划设计都交给媒体单位，否则广告效果可能会不理想。

(5) 媒介公司。

近年来，部分大型广告公司将它们的媒介部门合并，成立专门的媒介公司，提供媒体调研、媒体分析及媒体计划制订、媒体购买、媒体监播等服务。媒介公司不但同时负责这些广告公司的广告发布，而且独立代理其他广告公司的广告发布，甚至还独立代理其他广告公司或企业的综合性广告业务。因此，其广告发布量大，利于在同媒体单位的价格谈判中取得最大的折扣。以前，各个广告公司要各自购买媒体调查资料、聘请专门的媒体工作人员、购买专用的媒体监播设备，现在这些工作都可以由媒介公司集中运作，同时为多家企业服务，大大提高工作效率、节省成本。

(6) 公关礼仪公司及促销活动公司。

目前，国内出现了专门的公关礼仪公司和促销活动公司，这些公司在为企业组织各种典礼、会议、赞助活动、商品展示、空间推广（利用广场、街头等场所来促销）等方面有独到的经验。因此，广告公司在执行这些方面的广告活动时，往往委托给这些公司。

(7) 广告礼品公司。

提供各种广告礼品的制作的公司即广告礼品公司。这些公司大部分自己并不生产广告礼品，但都有很多固定合作的制作厂家。企业或广告公司在制作广告礼品时，如果数量很大，未必一定要找直接的生产厂家，因为广告礼品公司提供的礼品种类较多，而且由于这些礼品公司大多能从厂家拿到一个较低的价格，加上礼品公司的利润后，价格也不会太贵。

(8) 独立设计师、设计师事务所、设计公司。

近年来，一些设计水平较高的设计师往往以个体的形式为多家广告公司或企业提供设计服务，这就是独立设计师。设计师事务所和设计公司是专门为客户提供广告设计的公司。与广告公司不同的是，设计公司一般不能提供广告策划、市场调查、媒体代理发布等服务，只提供设计和制作服务。但就设计水平而言，设计公司的水平一般在广告公司之上。

（二）明确选择广告公司的策略

在企业的广告工作中，广告战略起着引导作用，因此，企业必须确定一家有广告战略能力的广告公司作为“领头羊”，根据这家公司在战略引导下所确定的广告计划和策略来决定其他合作伙伴。全面分析上述各种可能的合作伙伴，我们发现只有4A广告公司、非4A全面服务型广告公司和有限服务型广告公司才有这个能力。因此，“领头羊”必须在这三者之间选择。

在这三者之中，在制订广告计划并控制实施的能力方面，4A广告公司最强，有限服务型广告公司最弱。因为从理论上来说，能同4A公司合作，就不要同非4A公司合作；能同全面服务型广告公司合作，就不要同有限服务型广告公司合作。企业选择广告公司，广告公司也挑选客户，当企业的广告规模和财力有限时，就不易获得4A公司的重视，这时只能“退而求其次”了。

如果公司的年度广告预算超过1亿元，那么就可毫不犹豫地找4A公司；如果年度广告预算在6 000万元至1亿元，那么可以找4A公司，也可以找非4A全面服务型广告公司；如果广告预见算在1 000万元至6 000万元，那么非4A全面服务型广告公司可能是最佳选择；如果年度广告预算低于1 000万元，那么只能同有限服务型广告公司合作。

! 提示

如果企业年度广告预算充足，但广告不是在全国范围或大城市发布时，4A公司在市场研究和媒体策划方面的优势难以得到发挥，企业可以放弃4A公司，选择非4A全面服务型广告公司。

有些企业为了节省广告开支，成立了自己的广告公司。但事实上，由于这些广告公司附属于本企业，因此，在策划广告时，难以站在第三者的立场客观地看待企业及其产品。此外，由于缺乏竞争，这些公司的广告运作水平也较“正规军”相去甚远。

（三）与其他相关公司合作

对于咨询公司，一般来说，企业与之在广告方面合作的内容较少，主要集中在市场分析和定位以及品牌策划方面。

对于市调公司，常规的市场研究和媒体调研均为广告公司同市调公司签约，并将结论免费提供给广告主使用。对于专项调研，可通过广告公司委托市调公司进行，也可以由广告公司提出具体调研要求，企业按此要求自行委托市调公司进行。通过广告公司委托的优点在于可以利用广告公司的专业人员和经验进行项目控制，自行委托的优点是可以省掉一笔广告公司的服务费。对于一些小型的调查，可由广告公司或企业自己执行，无须委托调研公司。

对于广告制作公司和广告礼品公司，企业可以通过广告公司委托这些公司制作广告或广告礼品，也可以由广告公司出设计方案，企业自行委托这些公司。通过广告公司委托的好处在于，广告公司可以利用其专业优势把握制作质量；企业自行委托的好处是有可能节约成本。

！提示

企业决定是否与广告公司合作的办法是先让广告公司报一个价，自己再定个价，看看两者的差价是否值得牺牲广告公司的专业服务。

对于媒体单位和媒介购买公司，由于国内媒体市场的不规范，有时候，广告公司在某些媒体上拿到的折扣还没有广告主拿到的多。当出现这种情况时，企业可以直接同媒体单位或媒介购买公司签约。这里所说的签约，是指签订发布合约，企业绝不可以让媒介单位策划广告。

对于公关礼仪及促销活动公司，由于活动控制的专业性很强，因此，建议由广告公司执行。根据活动的难度，广告公司可以自行操作，或提出活动要求，委托公关礼仪公司及促销活动公司操作。

对于设计师或设计师事务所，如果企业已经有了合作的广告公司，那么就尽量不要再找设计师或设计师事务所。除非广告公司有要求，或者在某些企业非常重视的部分（如产品包装）认为广告公司设计水平达不到要求。同设计师或设计师事务所的合作，一般仅是在设计方面的合作，这些公司不会提供广告策略的建议。企业必须以策略为指导来监控它们的作品质量。

（四）收集汇总需要的文件和资料

根据上述选择服务公司的策略，企业选定几个公司作为候选，收集汇总这些公司的有关资料。

（五）确定一个评审模式，制定选择服务公司的标准

对候选服务公司依据制定的标准来缩小候选范围。一般来说，对服务公司有如下一些选择标准。

1. 规模

规模是衡量一家广告公司的重要的标准，大的广告公司相对来说专业经验更多。

2. 专业特长

企业希望广告公司对自己的产品了解清楚，并由具有本行业丰富经验的人员为自己

服务。如家电行业要寻求拥有家电行业的内行人员和丰富的家电运作成功案例的广告公司。

3. 竞争产品代理

对于广告公司是否同时代理竞争品牌产品，公司需有明确的界定。代理直接竞争冲突产品的公司是不予考虑的，间接竞争冲突的相关类别产品要视市场的具体情况而定。

4. 服务公司的地点

很多企业都希望广告公司的办公地点靠近企业，以便于双方及时沟通。

5. 媒介服务能力

企业由于投入到具体媒介的费用很大，所以希望广告公司的媒介策划、代理能力同样强大，有能力进行正确的媒介策划和获得较低的折扣及快速的发布。

6. 服务公司的稳定性

主要指广告公司有没有建立起公司的竞争机制和规范管理，是否注重员工的学习培训，核心人员是否稳定，是否具有很强的团队合作精神等。

7. 声誉

指广告公司的市场定位、业界影响力、做事风格和服务态度的口碑等。

8. 业绩

可以从作品、案例和近期的业务状况对广告公司的业绩进行评价。如其作品对树立产品品牌、进行差异化竞争和提升销售量方面效果是否显著，最近获得或失去了哪些客户，盈利状况如何。

! 提示

有些广告主在选择广告公司时，存在几大误区：(1) 认为在大广告公司里一定会被忽视，在小广告公司里一定会受到重视；(2) 认为大广告公司一定能比小广告公司提供高水平的服务；(3) 认为广告公司的服务水平与广告公司的要价成正比。上述问题是否存在，要通过访问调查候选服务公司来判断。

二、访问候选服务公司

在掌握了有关服务公司基本情况的基础之上，有必要通过访问候选服务公司进行更深入的调查，同时通过设置广告公司调查表来实施调查，该表包括如下内容。

(一) 基本情况

包括公司名称、成立时间、地址、公司性质、联系电话、法人代表、主要负责人、注册资金、固定资产、员工人数、上年度营业额、公司主要人员及其简介。

（二）组织机构和服务公司的组织结构图

包括如何为客户服务、如何进行产品品牌管理、公司的优势是什么、如何与客户进行交流、公司为客户服务的能力如何、有哪些主要执行人员参与客户广告计划、有哪些资深执行人员负责客户专业创意制作、公司高层如何保持与客户的联系。

（三）员工培训及发展情况

包括对新员工是否有内、外培训计划，其他有关人员发展政策规划。

（四）近期业务状况

包括过去两年内获得或失去的客户有哪些，如有客户获得或失去，请说明原因；请提供一张公司曾经服务的客户名单及内容。

（五）财务状况

包括是否盈利，说明盈利或亏损状况；如何与客户结算，希望客户提供什么形式的费用支付方式，请说明原因；公司如何核算服务成本，说明各项费用的收取比例；说明媒体付款政策及条件，并提供证明材料。

（六）对广告的观念

包括怎样看待广告的作用、利弊等，对达成有效广告的信念与经验，怎样确保达成有效广告。

（七）广告制作经验

包括描述公司成功的广告经验，服务哪一类产品是公司的优势所在，对企业的产品类别的服务有何建议。

（八）其他

如果与服务公司的客户讨论有关公司的创作作品及服务表现，服务公司是否同意；如果同意，请列出几个可能联系的客户名单。

除了上述问卷调查，还要进行面谈，以便进一步了解服务公司高层人员的管理智慧、价值观、进取精神、诚信状况及对双方合作的客观性认识、营销广告的专业知识掌握、对客户的服务观念等，并对其实力进行核实。

三、邀请候选广告公司访问企业

访问完候选服务公司后，可以对候选名单做适当的删减，然后邀请候选的服务公司访问企业。访问前要为每个候选公司准备一份企业的资料，包括：

（1）企业发展简史、组织结构。

（2）企业生产的主产品、质量指标、品牌、包装、服务等。

（3）市场状况、产品销售资料、市场占有率、主要竞争对手及其基本情况。

（4）以前的广告活动及其结果、营销策略及营销手段的运用情况。

（5）计划中的广告目标、规模、费用及支付标准。

这一阶段的主要任务是：首先让各广告公司对企业及产品有所了解，然后将预先设计的实验性广告提供给各候选公司，在规定时间内比稿。

考虑到候选广告公司在设计竞赛时必需的成本开支，一般应给予各参赛公司一定数量的费用补偿。各公司的补偿金额应相等，并在竞赛之前做预先说明。

四、广告公司的确定

企业要求经初步筛选的广告公司提供广告提案，其核心内容是进行模拟或实战性的产品广告策划、创意方案设计等，通过对提案的评估来最终决定广告代理商。下列因素要重点考虑：

（1）态度：广告公司是否有足够的信心和热情去赢取合作。

（2）能力：将要为企业服务的人员是谁，他们有无足够的能力。

（3）工作作风：公司的工作作风是否与企业相近、感觉如何。

（4）管理架构：公司的组织结构是否有利于与企业展开合作。

（5）经验：对于对企业的服务是否有相关的背景经验；以往的直接经验怎样取得，是否能可靠利用。

（6）提案：哪一家的提案效果最好，综合反映如何，在广告难题的专业解决上水平如何。

（7）业绩：以往的作品案例谁最出色，对销售的效果如何，企业可否接受创意表现的风格。

（8）不足：每一个广告公司有什么不足，重要程度如何；企业是否可容忍广告公司的不足。

（9）问题预测：合作可能出现的最大问题是什么，影响程度如何，能否避免或解决。

小知识

广告公司收费制度

纯净基准的收费制度	根据广告的销售效果将广告分为A、B、C三级，A级佣金为16%，B级佣金为13.5%，若连续被评为C级，则意味着可能结束合作关系
保证结果的收费制度	广告主与广告公司共同制订广告/营销传播计划的预期目标，并规定：达到目标时，广告公司可按一定比例分得红利；未达到目标时，广告公司则退还广告主所付的费用或佣金
资源基准的收费制度	首先，广告公司和广告主每年达成一份工作范围协议书，确认广告公司的责任，包括能力、服务、人员水准、工作成果、哪些市场的哪些业务等。然后，双方协议一种收费方式，确保广告公司的工作成果令客户满意时，广告公司可以得到合理的利润 例如，持续优于要求：+20%的基准费用；优于要求：+10%的基准费用；合乎要求：基准费用；不甚满意：-5%的基准费用（合约关系待观察）；令人失望：-10%的基准费用（可能解除合约）

有专家预计，收费制度的趋势是逐渐不以广告公司提供的各项功能为着眼点，新的收费制度可能是以广告公司投入的资源为衡量基准，广告公司的利润由市场效果来决定的比重越来越大。

任务三　确定广告方向

企业确定广告方向后，广告公司才能依据既定的方向去进行创作和媒体组合，而广告效果的测评也离不开广告方向的确定。广告方向具体包括两个方面的内容：品牌定位和广告目标。

品牌定位是在分析企业现状，对消费者和竞争态势进行调查以后，对自己的品牌在消费者心目中确定一个形象的过程。企业的广告无论是广告语、创意表现，还是媒介组合选用的版面、栏目等，都要给受众传递、巩固这种定位，以提升企业品牌资产。品牌资产是影响消费者购买决定的直接因素，是企业利润倍增的源泉。

品牌定位后，为了分阶段、有步骤地实现这种品牌定位，就必须在年度的广告目标中设定指标和数据，引导、监控广告活动的进行，从而形成广告方向。企业广告部门要把握广告的方向，并用它来指导广告公司对企业的广告运作。

为了正确进行品牌定位，为广告方向的确定奠定基础，企业必须做如下工作。

一、了解企业产品与品牌

不了解你的产品或品牌属性，就没有办法将产品或品牌属性与消费者的利益点对接。因此，必须了解产品或品牌的现状，挖掘潜力，找出机会点，为品牌发展确定方向。

（一）品牌现状分析

1. 品牌历史

（1）产品是谁发明的？为什么发明？是如何发明的？

（2）传承下来的特质是什么？

（3）品牌的沿革，包括名称、广告、重要事件等。

2. 品牌外观

品牌外观必须与它的内涵统一起来，就像气质不同的人要穿风格不同的衣服一样。包括：

（1）品牌标志。

（2）品牌名称。

（3）品牌包装。

3. 品牌核心

（1）品牌功能：这个产品里面到底有什么？

（2）品牌利益：它能为我做什么？使用这个品牌我能得到什么利益，或它能为我解决什么问题？

（3）品牌价值：它对我有什么意义？使用这个品牌后我能得到什么情感上的满足？

（4）品牌个性：如果它是人，那么是怎样一个人？

4. 品牌认知

现在的消费者在做出购买决策时，越来越依赖于认知，而非产品的实质。也就是说，在产品越来越趋向于同质化的时代，影响消费者做出购买决策的重要因素不是你的产品是什么，而是消费者如何选择你的产品。对消费者而言，他们认知的就是事实。同时我们还要了解如下一些问题：

（1）消费者对产品品质的认知如何？

（2）产品品质能与其价格相匹配吗？

（3）品牌名称能给予信赖感吗？

（4）产品外观看起来陈旧吗？

（5）本品牌与竞争品牌有什么不同？

（二）品牌潜力挖掘

你的品牌还有未被利用的地方吗？有什么鲜为人知的宝藏正等待你去挖掘？在竞争激烈的环境中，你的品牌有什么生存的机会？在众多的同类品牌中，它所处的地位如何？有可以利用的市场机会吗？

在分析品牌潜力时，我们通常采用 SWOT 分析法，如表 10－1 所示。

表 10－1 SWOT 分析法

Strength 优势	Weakness 劣势	Opportunity 机会	Threat 威胁
这个品牌为什么会成功？ 消费者为什么认同它？	它欠缺什么？ 它是否符合消费者真正的需要？	它适合哪种产品类别趋势？ 它有哪些尚待开发的正面属性？	竞争对手的优势有哪些？ 市场需求是怎样变化的？

二、消费者调查

市场营销已经由“生产者导向”转变为“消费者导向”，4C（顾客、成本、便利、沟通）已经取代了 4P（产品、价格、渠道、促销）。但对现在大多数中国企业来讲，这些还停留在理论阶段，真正把它们付诸实施的企业可谓凤毛麟角。因此，必须要强调消费者调查。“好的广告来自对消费者的基本了解”，了解消费者、了解企业的产品和竞争品牌在消费者心中的相对位置，企业才能在营销中获胜。因为营销的战场在消费者心中，而不在企业的办公室里。

了解消费者，首先要了解谁是企业的目标消费者。其次要了解消费者的购买系统和消费者与品牌建立的关系系统，从而明确消费者为什么买企业的产品，在购买的过程中要经历哪些阶段，如何才能维系消费者对品牌的忠诚度。

（一）目前谁是品牌的主要消费者

（1）他们是谁（年龄、性别、职业、收入、受教育程度、社会地位等人口统计特征）。

（2）他们住在哪里。

（3）他们具有哪些消费行为特征，如表 10－2 所示。

表 10－2 消费行为特征

行为特征	消费者群一	消费者群二	消费者群三
购买动机			
购买方法			

续表

行为特征	消费者群一	消费者群二	消费者群三
购买时间			
购买地点			
品牌认知途径			
消费频率			
满意程度			

（二）消费者经历的阶段

一般来讲，消费者从开始想买东西，到最后购买、消费某产品这一过程，会经历以下六个阶段。

1. 意识

即产生购买动机。消费者开始想要买东西，可能是第一次有这个念头，也可能已想过几次，理由包括：例行补货、一时冲动、解决问题、为了自娱等。

确定：消费者是出于什么理由购买你的品牌的。

2. 考虑

购买动机的产生，是由于需求的存在。一般来讲，购买可以满足五种需求：生理需求（如购买食物）、安全需求（如购买保险）、社交需求（如购买礼物）、受尊敬的需求（如购买名牌服装）、自我实现需求（如购买电脑、进行投资）。

确定：购买要满足什么需求。

3. 寻找

消费者开始收集及评估资讯，以便做出选择。资讯来源包括：直接经验（实际使用所获得的经验）、口碑（亲朋好友的介绍）、新闻媒体的报道、广告宣传。

确定：对你的目标消费者来说，最有效、最有说服力的资料来源是什么。

4. 选择

消费者开始比较，并形成对品牌的偏好。影响其选择的因素主要有两个：品牌的功能价值（本品牌比其他品牌效果更好吗）、非功能价值（哪种品牌更有吸引力、更有个性、更有信誉）。

确定：何种价值最能区分及提升本品牌的价值。

5. 购买

消费者已经决定购买，但以下的任何一项因素都可能改变他的心意：经销（方便购买吗）、展示（抢眼吗）、价格/促销（消费者会不会因为其他品牌有优惠或赠品而改变购买决策呢）、试用（现场试用能证明其性能并影响消费者的购买意愿吗）、销售员（训练有素、善于推销吗）、售后服务（能给消费者安全感和保障吗）。

确定：本品牌的弱点在哪里。

6. 使用

当消费者正在使用这种品牌的产品时，只有一种因素会对消费者的满意度有影响——产品是不是像说的那么好。

确定：品牌是否达到消费者预期。

在每个阶段，企业都要思考以下问题：

(1) 消费者在做什么、想什么、感觉到什么？

(2) 有什么机会可以和消费者接触？

(3) 你的品牌要如何利用这方面的洞察？

了解目标消费者会怎么去想、怎么去做，才知道消费者在决定要买什么东西时，哪些因素会影响他的购买决策，他是如何接纳广告信息的。然后，企业就能够：

(1) 确定目标消费者的优先顺序。

(2) 从消费者的立场界定竞争。

(3) 从消费者的角度界定品牌的个性。

确定怎样才能接触到你的目标消费者，包括：

(1) 当他们需要你的产品时，他们在哪里。

(2) 当他们最可能接收销售信息的时候，他们在哪里。

(3) 当企业的产品对他们产生最大利益的时候，他们在哪里。

(三) 消费者与品牌的关系如何

当消费者购买你的产品并进行消费时，就意味着消费者开始与品牌建立一种关系。因此，要维系品牌与消费者的良好关系，就必须了解消费者在体验其与品牌之间的关系时所经历的各个阶段，从而在每个不同的阶段采取相应的措施，强化品牌与消费者之间的忠诚关系，最后让消费者成为品牌的推广者。

一般来讲，消费者与品牌建立关系时，要经历以下几个阶段。

1. 取得认知

消费者会总结从购买行为中获得的相关接触经验，并会问自己：为什么我要买他的东西？他能为我做什么？

2. 获得使用经验

顾客正在使用这种品牌的产品，并且会判断是否符合预期。

措施：确保良好的实效经验，有问题立即解决。

3. 赏识品牌

由于赏识，消费者会对品牌评价很高，产生信赖感，从而有可能购买更多。

措施：常客奖励计划——对购买量大和购买频率高的消费者给予奖励。

4. 加深关系

顾客尝试从他所信任的品牌购买更多的产品/服务。消费者会想：还有其他什么方式来使用这种品牌？

措施：交叉销售机会——利用原有品牌资产，扩大产品线。

5. 建立忠诚度

消费者已经非常欣赏这个品牌，成为品牌的忠实用户，并在其人际关系网中为品牌树立良好的口碑。

利用上述方法，可以深入了解顾客在与某一种品牌建立关系时可能经历的各种阶段，并有助于了解营销传播活动对这种关系的影响。

! 提示

品牌分析与消费者调查，可以帮助企业了解企业品牌的价值以及在消费者心目中的形象，帮助企业回答一些重要的问题，例如：企业的消费者想要的是什么？他们对企业的品牌有什么观感？企业的品牌在他们的生活中扮演什么样的角色？品牌的个性是什么？什么样的传播能让他们和品牌产生联系？

三、明了竞争态势

“知己知彼，百战不殆。”企业除要明确自己产品的价值和目标消费者的特征外，还要了解企业的主要竞争对手。首先，要确认它们是谁，本类别的产品在市场上有哪些品牌供消费者选择。其次，要明确这些竞争品牌的优劣势，找出其中哪一个品牌是最脆弱的，以及本企业的品牌最可能占领哪一个品牌的市场。

下面将介绍应该从哪些方面去了解企业的竞争对手，以及怎样去了解它们。

（一）了解竞争对手

我们应该主要从如下几个方面了解竞争对手：

（1）它们是谁？

（2）它们的规模（销售额、利润、员工、资本额、店铺规模等）如何？

（3）它们在广告中宣传什么？

（4）消费者如何看待它们？

（5）它们的价格如何？

（6）它们有什么特长？

（7）它们有什么弱点？我们可以从谁那里夺取市场？

(8) 什么动机促使消费者在它们与本企业之间进行选择?

(9) 本企业与它们有何不同之处?

(10) 它们下一步可能会怎样走?将来可能会怎样反击本企业?

(11) 还有什么未被利用的机会?

(12) 它们的品牌使用者的形象如何?

(二) 怎样去了解你的竞争对手

要了解竞争对手,企业可以从以下方面入手:

(1) 市场总体认识,包括:整个产品类别的市场销售额、增长率、各品牌所占份额。

(2) 竞争产品样本分析,包括:主要竞争品牌所处生命周期阶段、产品功能、产品独特性、品牌价值等。

(3) 零售市场状况分析,包括:现代化零售商的类型、它们分别经销的品牌类别、商品陈列位置、采取的主要促销活动等,如表 10-3 所示。

表 10-3 某企业对零售市场状况的分析

零售商类型	品牌类别	特点
高档、大型百货商店	进口品牌	最佳位置、最好楼层、陈列装潢精美
大、中型百货商店	合资、本地品牌	专卖柜、促销活跃
小型、社区型百货商店	合资、本地品牌	杂列于柜台、促销受限
大型超市	合资、本地品牌	现场展示、优惠装及赠品

(4) 品牌知名度和使用率:了解在消费者的心中存在哪些品牌,他们最常使用的品牌又是哪些。如表 10-4 所示。

表 10-4 品牌知名度和使用率调查

第一提及品牌	最常使用品牌

通过分析,确定:

1) 第一提及品牌与最常使用品牌是否一致。

2) 为什么会出现分歧。

3) 有什么机会可以利用。

(5) 竞争对手广告活动分析:了解竞争对手是如何做广告的,它们为什么要这样做,它们的广告投入有多大。尤其是要了解大部分竞争品牌所采用的诉求方式,从而确定这样的诉求方式能否使消费者有效地区分各种竞争品牌,存在什么问题,有哪些可供利用的机会，如表 10－5 所示。

表 10－5　竞争对手广告活动分析

广告活动	竞争对手一	竞争对手二	竞争对手三
	竞争品牌一	竞争品牌二	竞争品牌三
目的			
地区			
对象			
诉求点			
期间			
广告费			

（6）竞争对手媒体分析：了解整个产品类别总的广告投放量，主要竞争品牌所采用媒体及媒体所占比重，从而可按广告费支出的多少对主要竞争对手进行排序，如表 10－6 所示。

表 10－6　竞争对手媒体分析

使用媒体类别、广告费	竞争对手一	竞争对手二	竞争对手三
	竞争品牌一	竞争品牌二	竞争品牌三
报纸			
杂志			
广播			
电视			
其他			

四、市场环境调查

为求得更广阔的视野，还需审视整个市场的发展趋势。市场经常变动，例如消费形态、定价、法规、包装等。企业可以顺应时势，对这些变动因素善加利用，例如：改变配方、发明新的使用方法、找出新的目标群等，都是环境变迁所带来的转机。

一般来讲，我们主要从以下几个方面来考察市场环境。

（一）经济与政治环境

经济与政治环境包括经济发展水平、增长率、经济体制改革、通货膨胀或紧缩、失业率、消费者对经济的态度、法律和制度体系的完善程度等。

通过分析，判断消费者对政治、经济局势的展望，由此确定未来一段时间消费者的消费欲望。

（二）社会环境

主要了解社会开放的程度和人们的价值观念、消费观念的变化，从而确定消费者需求的变化趋势。

（三）生产技术

科学技术的发展会带来生产和生活领域的巨大变革。能不能抓住机遇，率先把先进的科学技术转化为生产力，从而开辟新的市场领域，常常取决于企业对技术领域发展趋势的关注与了解程度。

（四）市场营销

了解目前各企业的市场营销理念和普遍采用的市场营销手段，可以帮助企业采用更独特、更有效的营销方法与技术，从而出奇制胜、攻其不备。

对于上述四个方面的分析，可以表格形式归纳，如表 10－7 所示。

表 10－7　市场环境调查表

时间	经济与政治环境	社会环境	生产技术	市场营销
过去				
现在				
将来				

除对企业本身、消费者、竞争对手以及市场环境的调查和了解以外，企业的营销计划也十分重要，广告活动只是执行营销计划所需的工具之一。因此，要先了解企业的各种目的，了解营销目的，然后据此确定广告方向。

！提示

对上述分析进行总结，以摘要的形式扼要阐述企业对产品、消费者、竞争对手、市场环境，以及企业营销计划的深入洞察，从而有助于设定品牌未来的定位。

（1）品牌：企业的品牌定位需要做什么改变？

（2）消费者：谁是企业最终的目标消费者？消费者态度和行为的哪些层面是关键的？

（3）竞争：竞争对象的薄弱环节在哪儿？能否善加利用？

（4）市场：有什么趋势是企业的品牌可以因势利导的？

（5）营销：用多少资源去达成营销目的？

品牌定位确定以后，就要确定年度广告目标，广告目标的确定方法和程序在项目五的任务一有详细描述。

任务四　制定行动方案

行动方案包括确定广告主题概念、制订广告计划、监督执行广告计划等几个方面。

一、确定广告主题概念

（一）广告主题概念的含义

广告的中心思想及创意表现构成了广告主题概念。它是“品牌定位”的外在表现，是一种可以长久拥有的表达方式，给品牌带来名誉、意义及特色；是一种必须在广告、公关、直效营销、包装、赞助、体验营销、渠道展示、促销等所有传播活动中得到贯彻和强调的统一的形象概念。比如：“年轻人使用的电话卡”是动感地带的定位，“有自我的主张、酷”就是它的主题概念；“高档香皂”是力士香皂的定位，“明星香皂”就是它的主题概念。

关于“广告主题概念”目前广告界还没有统一的专用名词，有些企业称之为“主题广告”，有些称之为“品牌个性”，有些称之为“品牌创意”。

（二）建立主题的重要性

消费者对某一品牌有印象是他们产生购买行为的先决条件，那么如何才能建立品牌印象呢？整合营销传播理论认为必须要用同一个声音说话，在时间上重复强调同一个广告主题概念；在空间上所有媒体、公关活动、促销、体验营销、渠道展示等都强调同一个广告主题概念，使企业的品牌形象在传播中得到不断的重复和加强，而不被淹没在广告的海洋中。

（三）立即着手

对于国内绝大多数企业来说，目前都没有建立自己的广告主题概念。如果企业的品牌还没有主题概念，那么企业的当务之急就是立即去确定一个。企业可以委托一家专业广告公司，因为寻找广告主题概念是一个非常专业的工作。

广告主题概念是一个长期不变的概念，除非品牌进行了脱胎换骨的改变，否则它应该贯穿一个品牌的始终。随着市场的发展，广告主题概念可以几年做一次调整或提升。这里需要强调的是：是“几年”而不是“一年”或“几个月”，是在“原来具有的内涵中调整或提升”，而不是“改变”，否则建立主题概念就毫无意义。

二、制订广告计划

这里所说的“广告计划”，并非通常所说的以四大媒体为主的“媒体广告”的计划。随着整合营销传播理论的日益发展，现代广告理论已从传统的媒体广告理论转变为涵盖了广告、公关、直效营销、包装、赞助、促销、数字媒体等在内的整合营销传播理论。

制订广告计划的目的就是决定如何从可以支配的各种传播通路（不只是传统的广告媒体）中做出选择，让企业的广告主题概念得到最有力、最能说服人的传播效果。

（一）确定广告任务

在确定了要塑造一个什么样的品牌形象，知道了用什么样的主题概念来表现它，也知道了企业的营销目标以及与之相应的广告目标之后，就可以着手制订广告计划了。但在制订广告计划之前，还必须先将这些目标分解成具体的广告任务，作为每次广告活动的指南。包括：要分几个阶段来实现这一广告目标；为实现这一目标，要开展几个广告活动，各起什么作用，彼此之间如何配合；各个广告活动要完成哪一个或哪几个广告任务。

通常来说，广告任务可分为以下几种：

（1）直接行动。通过广告活动促使消费者直接采取购买行动。

（2）找寻更多资料。通过广告活动激发消费者对企业或产品的兴趣和关心，促使消费者采取仔细阅读广告、打咨询电话、写信索取产品说明书等行动。

（3）提醒与消费者自身相关的需求。提醒消费者记住，这个东西是他所需要的，等到适当的机会应该去买一个。

（4）塑造品牌形象。提醒消费者，这个品牌是不错的，如果他要买该类产品应该买这个牌子的。

（5）修正态度。消费者对这种产品或品牌可能存在一定程度的误解或不良印象，通过本次广告活动，要改变它或削弱它的副作用。

（6）强化态度。向消费者再一次保证他目前的购买决定是正确的，鼓励他继续买下去，甚至买得更多。

（7）对抗竞争。阻碍或对抗竞争对手的广告活动。

【注意】

确定广告任务应考虑以下因素：

（1）各活动实现到什么程度。

（2）先进行哪个活动，后进行哪个活动。

（3）每个活动持续多长时间，各活动有无交叉。

！提示

确定广告任务是同企业的营销目标和广告目标密切相关的，因此这一工作应该由企业的经营部门和广告公司协同作业，根据企业的经营销售计划制定相应的广告任务。有时候，广告公司从广告宣传的角度出发，会对企业的经营销售计划提出些“反建议”，企业可以接受，也可以不接受。但双方必须就这些建议达成一致意见，决不允许出现广告和经营销售各行其道的现象。

（二）整合传播工具

今日的广告，已远非传统意义上的媒体广告。随着整合营销传播的概念日益为企业所接受，直效营销（direct marketing，DM）、公共关系（PR）、促销活动（SP）、企业形象识别系统（CIS）等均已纳入广告领域，确切地讲是“传播”的领域，为我们的产品销售和品牌形象塑造提供了更多、更好的手段。

那么，采用哪些手段来进行营销传播呢？是使用常规媒体广告，还是进行公关活动或促销活动，或将几种手段整合起来运用？

我们不仅仅要为完成所确定的不同任务找到合适的传播工具，而且要找到这些工具的最佳组合。这种组合的传播效果远远大于各个部分的总和，这就是整合营销传播的威力。

首先，必须了解有哪些传播工具可供选择，以及它们各自有什么特点，分别适用于什么情况。

1. 传播工具的种类

（1）媒体广告。

即我们通常所说的“广告”。它主要是利用大众媒体，如电视、广播、报纸、杂志等所做的广告。

每一种媒体都有其自身的特点。作为企业的广告管理人，虽然不会亲自去选择媒体，但由于媒体选择事关重大，必须熟知各种媒体的优缺点，才能有效地加以运用，扬长避短，充分发挥整合倍增效应。

（2）网络媒体。

信息产业的发展极大地改变着人们的生活，同时也对传统的广告媒体产生了深刻的影响。随着信息产业的高速发展，以互联网为传播媒介的网络广告（internet advertising）成为当今欧美发达国家热门的广告形式。目前我国广告公司和企业也开始涉足网络广告的新空间。这使得广告公司与营销厂商都面临着改变营销传播方法及选择媒体的压力和机遇。

与传统的四大传播媒体（报纸、杂志、电视、广播）广告和户外广告相比，网络广告具有得天独厚的优势，是实现现代营销传播战略的重要组成部分。网络是一个全新的广告媒体，速度最快、效果很理想，对于广泛开展国际业务的公司更是如此。网络广告的优缺点与类型在本书项目八的任务一有详细描述。

综观网络广告的几种形式，企业上网建立网站进行宣传已成为当前许多大企业的常用手段，为了防止被人抢注域名，及时注册自己的域名成了现代企业的头等大事。而对企业网址的宣传则成为企业宣传推广的新课题，传统平面、立体广告也开始宣传企业网址，使之成为传统广告传播内容的一个新的组成部分。

（3）促销活动。

促销是企业对同业（中间商）或消费者提供短期激励的一种活动，以诱使其购买某一特定产品。促销活动不同于媒体广告，其区别在于：在促使消费者购买一种产品时，广告提供购买的"理由"，包括介绍产品功能、塑造品牌或企业形象等，通常都做长期考虑。促销活动则是在一限定的时期向消费者或中间商提供一个附加的"激励"，其目的是实现立即销售。具体方式包括：分发折价券、赠送样品、开展竞赛与抽奖、降价、提供现金券、提供退款要约、提供特惠装、免费邮寄赠品等。

促销活动包括对经销商的促销活动和对消费者的促销活动。

促销活动虽然与广告有所不同，但广告计划如果能把促销适当地整合到广告活动中，则可以加强正在进行中的媒体广告活动的效果，因为促销提供立即行动的刺激，使产品获得试用，强化目前购买者的使用，还能用以争取同业强有力的支持。

（4）公共关系（PR）活动。

公共关系是指一个社会组织贯穿在日常经营管理实践中的一种基本的管理立场和价值观，它运用传播的手段来达到组织与公众之间相互了解、相互合作的目的，为组织本身在公众中树立一个良好的形象，求得自身更好的生存和发展。

！提示

在企业的实际运用中，往往是媒体广告和公共关系（PR）活动一起使用。如：购买一件某商品就向希望工程捐出一分钱。

（5）活动（event）营销。

活动营销是指企业借助展示、音乐（包括演唱会）、文化、体育等大型活动，来达到营销传播的目的。

（6）直效营销。

根据美国直效营销协会（ADMA）的定义，直效营销是一种相互作用的营销系统，它利用一种或多种广告媒体，可在任何地方产生一种可衡量的反应或交易。如目录邮购、电视购物、网络购物等。

1）特点：没有任何中间商；消费者直接反应，与企业互动；建立资料库双向沟通；利用一种或多种广告媒体；不受地域限制。

2）主要方式：

◆ 访问销售：即我们通常所说的“人员推销”。

◆ 直邮销售：通常是指企业以邮寄的方式将广告送达目标受众。

◆ 广告直销：是指借用传统的广告形式，要求消费者直接反应，进行双向沟通的直效销售。

◆ 电信营销：即利用电话、传真、电脑网络、多媒体等进行的营销。

3）优势：直效营销的受众虽然不如传统广告的多，但其对象非常明确，都是企业现实或潜在的目标消费者，因此不会造成广告费用的大量浪费。

这是由其自身两个方面的特点所决定的：一是广告主可以按人口统计因素对消费者进行分类检索，获得准确的数据；二是广告主可以根据消费者的购买频率和购买数量来选择和确定直效营销的对象。

4）缺陷：某些行业使用直效营销成本太高，如快速消费品行业。

2. 选择并组合最适合的传播工具

了解了各种传播工具所具有的基本特点和优缺点之后，接下来要做的工作就是选择并组合最佳的传播工具。广告传播的关键就在于拟定有效的传播组合策略，以便在适当的时机，以适当的成本，通过适当的传播通路，传递广告信息，与目标受众接触与沟通，充分发挥广告的整合效应，真正做到“找对人，说对话”。

现在的市场资讯超载、媒体林立，信息在传递的过程中所受到的干扰大增。因此，“说什么”固然重要，而信息何时及如何与消费者接触才最有可能被消费者接受，也成为至关重要的因素。

! 提示

广告创意再出色，但若刊播不当，也很可能前功尽弃。

选择并组合传播工具，首先应该对过去的传播活动进行检核，从中发现问题，并找到可供利用的传播要素，在一定程度上保持广告活动的一致性。

（1）传播活动检核。

1）传播要素评估如表 10－8 所示。

表 10－8　传播要素评估

广告标语	
词句	
动作或身体语言	
发言人	
音乐	
代表形象	
表现手法	

企业可以问自己以下问题：

◆ 产品类别是什么？

◆ 有没有共通的信息、形象、符号？

◆ 品牌和其他竞争品牌是不是很容易区别？

◆ 如何在广告丛林中杀出重围？

◆ 有没有独特的视听做法，让品牌变得出色？

◆ 有没有通路、促销或机会可以运用？

◆ 所有的品牌传播是否前后一致，是否有效，以及其潜在的效益如何？

◆ 消费者实际上看到的是什么？不只是从品牌来看，而且应从所有竞争品牌来看。

2）目前活动评估。正确评估每种传播工具在企业的媒体组合中所扮演的角色，是不是用来表现一种前后一贯、整体的品牌定位，以及有何证据证明此方法有效。

3）外界影响检测。品牌即使善用传播通路，但若新闻记者不同意你的品牌定位，零售商不支持，或竞争对手吹毛求疵，那么也可能面临全盘皆输的命运。通过外界影响检测，也可找出企业的品牌是否有什么问题，有什么地方应予注意，并帮助企业找出其他的传播方式。

（2）根据既定的广告任务，选择并组合最佳的传播工具。

传播工具的选择与组合是一项需要专业经验的工作，因此，最好委托广告公司去做。对一些大型广告公司来说，不但有经验丰富的媒介人员，有的还有优化媒体组合的专业工具和软件，这是广告主自己不可能做到的。

虽然广告主一般不介入传播组合策略的具体制定，但通常要负责最后的核准或控制广告的刊播。因此，在审核广告公司提交的传播组合策略时，企业应该把握以下几个方面：

1）此策略的实施是否能达到预期目。包括以下问题：

◆ 能有效传达给企业的目标视听众吗？

◆ 在什么地方，以什么方式可以找到他们？

◆ 一天当中，他们在什么时候最容易听到你的信息？

◆ 广告出现的时机与目标相吻合吗？

◆ 为了全力抢攻市场，是否集中在销售旺季？

◆ 为了促进每月的销售，广告是否全年平均出现？

◆ 为了缩小淡旺季差距，是否反将重点放在淡季？

◆ 是否要在大型促销活动时加以支援？

◆ 是否要对竞争对手的攻势加以反击？

2）媒体刊播排期是否适用本企业和本品牌的情况。媒体排期策略详见项目八的任务四。

3）广告在地域上的分配是否合理。可借助品牌发展指数和类别发展情况来衡量广告地域分配的合理性，如表 10-9 所示。

表 10-9　品牌发展和类别发展情况

品牌强但消费者花费低； 增加广告费无效果； 寻求建立类别购买频次	品牌与类别销售已饱和； 增加广告费是浪费； 以保持需求、防卫竞争的广告为主
销售无潜力、品牌疲软； 销售旺季限制广告； 支持推广活动以避免配销损失	竞争激烈、品牌相对疲软； 广告投资可能有效果； 在销售旺季增加广告频次； 寻求密集的或安排轻重交互的媒体刊播排期法

小案例

博士伦多功能护理液在开拓市场时，由于产品复杂，一般传统广告很难有效承载过多的信息，于是运用两种传播手段——大众媒体广告与直效营销，以接棒方式的整合概念与消费者沟通。广告主攻“四效合一”的产品利益点，直效营销则担负了建立品牌忠诚度与降低品牌转换率的任务。

博士伦巧妙地利用包装内的夹带说明书进行直效营销。通过说明书不仅传达正确的使用方法，还开展有奖征答，在说明书中询问相关问题请消费者回答并寄回，参加抽奖。此法达到了厂商与消费者互动的目的。博士伦运用累积的消费者名单建立专门的资料库，进行关系营销与差异化营销。

（3）分析此组合策略的成本效益。

在候选的传播组合中，选择成本最低的组合。在这里，我们考虑的因素包括：要让多少人看到我们的广告，看到多少次；如何花最少的钱达到预期的效果。因此，视听率、到达率、有效到达频率、千人成本是我们应该关注的指标。这些指标定义在项目八的任务三中已经有所描述。根据我们对传播工具的选择，确定具体的项目预算。将先前确定的年度预算总额，按传播工具和执行时间进行具体分配，如表 10-10 所示。

表 10-10　广告预算分配表

组合策略		1 月	2 月	……	12 月
媒体广告	电视				
	广播				
	报纸				
	杂志				
	其他				
促销活动					
活动营销					
公关					

续表

组合策略		1月	2月	……	12月
直销					
其他					
合计					

注：以上预算包括媒介费用和制作费用。

！提示

这张表不只是按传播工具和月份所做的预算分配，更可从中看出整合传播的整体关系。

（三）广告表现策略检核

当确定了广告的主题概念之后，就需要借助美工、文案、插图、音乐等形式，生动地表现这一主题概念，使目标受众在接触了企业的广告之后，能产生企业所期待的反应。

一般来讲，广告的表现策略主要包括以下几个方面：表现方向、表现主题、表现方式、表现基调、表现物。

如何进行广告创意制作、最好地表现企业的广告主题概念，是广告公司的工作。作为企业的广告管理人，最好不要过多干涉具体的广告创意制作，但你必须掌握衡量广告表现策略是否有效的一些检核要点，以帮助你决定是否采纳这一策略。

1. 检核广告表现策略的一般准则

检核的要点如下：这一策略突出了你所要表达的广告主题概念吗？如果你是目标消费者的一员，你会被这一策略所吸引吗？如果你亲自上门推销，你会对你的潜在顾客这样讲吗？这一策略是从营销者的角度切入，还是从消费者的观点出发的？是在自吹自擂地宣扬产品特性，还是在提供有意义的消费者利益？是在帮厂商卖东西，还是在帮消费者解决问题或满足需求？是在以厂商的语言自卖自夸，还是在以消费者的语言接近消费者的生活？销售信息明显、清楚、单一吗？广告具有独创性吗？广告完整吗？消费者知道怎样买、何处买吗？你对此广告引以为荣吗？

除了这些一般性的注意事项，对于不同的媒体，广告表现的技巧也不尽相同。企业的广告管理人员虽然不必成为广告设计制作方面的专家，但也要具备一定的鉴赏力，知道应从哪些方面去进行评估。

2. 不同媒体广告的表现检核要点

以下是几种常用的媒体广告的表现检核要点：

（1）电视广告的检核要点。

1）视觉效果强烈吗？

电视基本上是一种视觉媒体，观众看电视所留下的印象大多是来自他眼睛所看到的，而非耳朵所听到的。因此，电视广告的画面处理就显得格外重要。

! 提示

在拿到创意人员的脚本后，应先看画面部分（遮住旁白），看它能否独立传递广告信息。或当电视广告完成后，关掉声音，试着在没有声音辅助的情况下去看电视广告，以测试它是否能让观众在受到干扰的情况下，依然能够从画面中获取你所要传递的信息。

2）开场就能抓住观众的视线吗？

3）结尾是否再度强化了消费者的印象？

（2）广播广告的检核要点。

1）听觉效果被强化了吗？

与电视相反，广播主要是一种听觉媒体。因此，广播广告的声音处理就显得尤为重要。

! 提示

拿到广播稿后，一定要请人以模拟的方式将广播稿念出来，以亲身体验听到广播广告的感受，而不能光用看稿的方式进行审核。

2）能抓住听众的注意力吗？

广播主要是一种背景媒体，人们通常是边做其他事情边听广播。因此，你应该从你的目标市场挑选几位代表，在他们做其他事情时播放你的广播稿，看看能否引起他们的注意。

3）一开始就跟目标听众打招呼了吗？

这样做可以有效提升目标听众的注意力，明确指出企业有一些与他们相关的信息要提供给他们，人们总是会比较留意与自己切身相关的信息。

（3）平面（包括报纸、杂志、户外看板等）广告的检核要点。

1）能留住翻阅者的目光吗？

读者在阅读平面媒体时，一般是以翻阅的方式进行，当他碰到广告时，可能瞄一眼就一翻而过，在这宝贵的一刹那，广告能否抓住读者的眼球呢？

2）标题能清楚、迅速地传递信息吗？

! 提示

好的标题要满足三大要求：

（1）能表现企业的广告主题概念，这个主题概念浓缩了消费者的利益。

（2）文字表达具有新颖性。

（3）能吸引消费者的注意力。

3）图片是否与标题意义相通、并行不悖？

4）文案内容清楚、完整、真实吗？

! 提示

身为企业的广告主管，要注意的是广告给予读者的整体印象，而不是文字使用技巧，前者是文案说的是什么，后者是文案撰稿人的专业与责任。因此，不要像改作文一样去逐字逐句修改文稿，最好是指出错误，而将修改的权利留给文案人员。

当你评判一个广告是否最好地表现了你的品牌时，尽量把个人偏好与工作分开。记住：你的潜在顾客的看法远远重于你个人的好恶。

（四）撰写年度广告计划

把对市场的分析、广告目标的确定、广告任务的分解、各种传播工具的选择及组合加以整理并形成文字，制订出具体的年度广告计划。如表 10-11 所示。

表 10-11 撰写广告计划实用模式

一、情况分析 1. 产品评估。 2. 消费者评估。 3. 竞争对手分析。 4. 市场分析。 要包括所有有关资料，能使本计划的读者对本产品有一个基本的了解，及如何在市场上调和一致，以及为什么你的广告计划会产生效果等内容。
二、为本品牌所制定的营销目标 这一部分可直接取自企业的营销计划。其重要性在于企业的广告计划与整个营销策略的一致性。此外，要对这一广告活动怎样实现这些营销目的做简要说明。
三、预算
四、广告建议事项 1. 目标市场：是什么？为什么？ 2. 广告传播目的：广告所要传达给潜在顾客的信息是什么？潜在顾客看了之后应产生何种反应？ 3. 创作策略：在广告中说什么？有足够的理由支持你所说的吗？ 4. 执行制作：广告表现策略。
五、媒体计划 1. 媒体目的：媒体如何与整个营销计划和广告计划相配合？有哪些具体的测度指标？ 2. 媒体策略：所选媒体类型、预算分配、媒体日程安排。
六、其他活动建议 1. 促销活动建议： (1) 促销活动目的。 (2) 促销活动策略：对谁做？怎么做（具体方式）？日程如何安排？ 2. 公关活动建议。 3. 其他建议。
七、评估广告活动效果 谁负责？怎样执行评估？评估费用如何？

三、监督执行广告计划

广告计划制订出来以后，就要付诸具体的实施。在广告计划实施过程中，企业的广告管理人以广告计划为依据去监督调整广告公司执行的广告活动，并通过事前、事中、事后的广告效果测评及时发现广告运作中的问题并与广告公司一起去调整。在每个环节都要求广告公司制订出推进计划、要求企业配合的事项，以及意外发生的处理办法等。

! 提示

在实施广告计划时，广告公司会提出具体的创意和设计方案，在这些方案的构思过程中，企业是不是一定要参与讨论和创作呢？一般来说，大多数广告主愿意参与讨论，但是，千万不要把自己的观点强加于人。要知道，你最主要的工作就是提供资料、检查结果。

项目小结

● 广告部门一般隶属于主管市场的副总经理或者市场部经理，部门设置的首要工作是人员的安排，然后是赋予部门工作职能和安排部门每个人的岗位职责。

● 对广告公司的选择包括以下工作：

(1) 前期工作。

(2) 访问候选广告公司。

(3) 邀请候选广告公司访问企业。

(4) 广告公司的确定。

● 企业确定广告方向后，广告公司才能依据既定的方向去进行创作和媒体组合，而广告效果的测评也离不开广告方向的确定。

基本训练

1. 训练类型

真实项目导入：参与某企业广告部门的整个运作，实习完后撰写实习报告交给教师。

2. 训练说明

将全班同学按每组 5 人分成若干小组，每组选一个组长负责全组工作，安排落实每位组员的职责。制订好实习计划交指导教师修改，根据指导教师的修改意见进一步完善实习计划。按实习计划开始实施实习活动。活动结束后，每个小组都要以实习报告的形式对本次活动进行总结，然后把实习报告交由指导教师点评。教师将点评过的实习报告发给学生，每个小组根据教师的意见进一步完善实习报告，然后交给指导教师存档。

3. 广告管理实训成果表

<table>
<tr><td>项目名称</td><td colspan="5">广告管理实训</td></tr>
<tr><td>实训类型</td><td colspan="2">真实项目</td><td>实训地点</td><td colspan="2">广告公司</td></tr>
<tr><td>姓名</td><td></td><td>实训内容</td><td></td><td>指导教师</td><td></td></tr>
<tr><td colspan="3">评价内容</td><td colspan="2">成绩评定标准</td><td>成绩</td></tr>
<tr><td colspan="3">小组提交实习计划，实习计划占总成绩的 50%</td><td colspan="2">1. 实习计划必须注明实习单位、实习时间、内容、时间进度
2. 计划结构严谨，逻辑性强，内容详略得当，简明扼要，重点突出</td><td></td></tr>
<tr><td colspan="3">每位小组成员提交一份个人实训报告，个人实训报告占总成绩的 50%</td><td colspan="2">1. 实训总结主要针对本次活动的感想、收获，还包括活动中出现的问题及其解决方式
2. 字数不得少于 1 000 字</td><td></td></tr>
<tr><td colspan="5">总成绩</td><td></td></tr>
</table>

【注意】

(1) 以上所有作业一律使用 A4 纸，手写、打印都可以。如打印，标题用三号字、正文用小四号字，在每页的页脚中心位置标明页码。

(2) 所有作业都必须制作封面并装订成册。

参考文献

[1] 陈培爱．广告策划与策划书撰写．厦门：厦门大学出版社，2011.

[2] 路克·杜邦．1001 个广告法则．张静，译．北京：中国华侨出版社，2012.

[3] 穆虹，李文龙，广告案例实战．北京：中国人民大学出版社，2006.

[4] 比尔·皮茨，乔治·路易斯．蔚蓝设计．何辉，译．北京：华文出版社，2010.

[5] 叶茂中．广告人手记．北京：朝华出版社，2011.

[6] 戴元光，金冠军．传播学通论．上海：上海交通大学出版社，2013.

[7] 乐剑峰．广告文案．上海：上海人民出版社，2011.

[8] 黄升民，段晶晶．广告策划．北京：中国传媒大学出版社，2011.

[9] 大卫·奥格威．一个广告人的自白．林桦，译．北京：中信出版社，2010.

[10] 许孙鑫．广告策划案例．北京：机械工业出版社，2012.

[11] 中国广告杂志社．中国广告案例年鉴．北京：东方出版中心，2011.

[12] 王淑芹．广告作品评析．上海：上海交通大学出版社，2014.

[13] 伊延波，张建设．广告创意与设计．北京：清华大学出版社，2012.

[14] 张素华，刘发明．户外广告，城市文化形象的视觉符号：论户外广告与城市文化的关系．科技信息，2015，32：178.

[15] 张颖．户外广告中的景观设计研究．现代广告，2010，2（2）：92－93.

[16] 黄芳．城市景观意识引领下的户外广告形象规划研究．杭州：浙江工商大学，2010.

图书在版编目（CIP）数据

广告基础与实务/刘会福主编. —北京：中国人民大学出版社，2019.9
教育部中等职业教育专业技能课立项教材
ISBN 978-7-300-27206-1

Ⅰ.①广… Ⅱ.①刘… Ⅲ.①广告学-中等专业学校-教材 Ⅳ.①F713.80

中国版本图书馆 CIP 数据核字（2019）第 161235 号

教育部中等职业教育专业技能课立项教材
广告基础与实务
主　编　刘会福
副主编　赖有明　陆雪君　肖晓峰　许智科
Guanggao Jichu yu Shiwu

出版发行	中国人民大学出版社		
社　　址	北京中关村大街 31 号	邮政编码	100080
电　　话	010－62511242（总编室）		010－62511770（质管部）
	010－82501766（邮购部）		010－62514148（门市部）
	010－62515195（发行公司）		010－62515275（盗版举报）
网　　址	http://www.crup.com.cn		
经　　销	新华书店		
印　　刷	北京密兴印刷有限公司		
规　　格	185 mm×260 mm　16 开本	版　　次	2019 年 9 月第 1 版
印　　张	13.5	印　　次	2019 年 9 月第 1 次印刷
字　　数	273 000	定　　价	29.00 元